Este libro pertenece a

Tony

PADRE DE FAMILIA

La guía de Stewie para

DOMINAR EL MUNDO

de Stewie Griffin

Con una ayudita de Steve Callahan
Basado en la serie creada por Seth McFarland

ASTIBERRI

Dedicado a mi fiel consejero, leal amigo
y esclavo manchado de café, Rupert.
—S.G.

Dedicado a Beth por todo su amor,
apoyo y risas.
—S.C.

PADRE DE FAMILIA. LA GUÍA DE STEWIE PARA DOMINAR EL MUNDO.
Título original: Family Guy. Stewie's Guide to World Domination

Traducción: Diego García
Diseño: Timothy Shaner
Diseño de cubierta: Manuel Bartual
Maquetación: Bettina García y Manuel Bartual
www.estudiomanuelbartual.com

ISBN: 978-84-96815-21-6
Depósito legal: BI-2563-07
Impresión: Grafo
1ª edición: Septiembre 2007

Astiberri Ediciones
Apdo. 485
48080 Bilbao
info@astiberri.com
www.astiberri.com

Las opiniones recogidas en este libro son mías, mías, mías, mías, mías y sólo mías. Este libro se concibió exclusivamente para entretener. Para entretenerme a mí sobre todo (claro que tampoco es que haya demasiado que pueda hacer yo si resulta que te divierte a ti también, ¿no?) Como soy menor de edad, no asumo ninguna responsabilidad si resulta que sigues mis consejos y acabas dominando el mundo. Y la editorial tampoco. Date por avisado (y piensa también que eres bastante patético por malgastar tu precioso tiempo leyendo todas estas zarandajas legales en lugar del libro).

Sumario

Capítulo 4
Paternidad (y no me refiero a la chorrada esa para pedir la baja)

Capítulo 5
Dificultades de ser un bebé o por qué la dentición no es para pusilánimes

Capítulo 6
Preescolar y guardería o el simulacro de sistema educativo que tenemos

Capítulo 7
El trabajo (y cómo pienso escaquearme)

Introducción

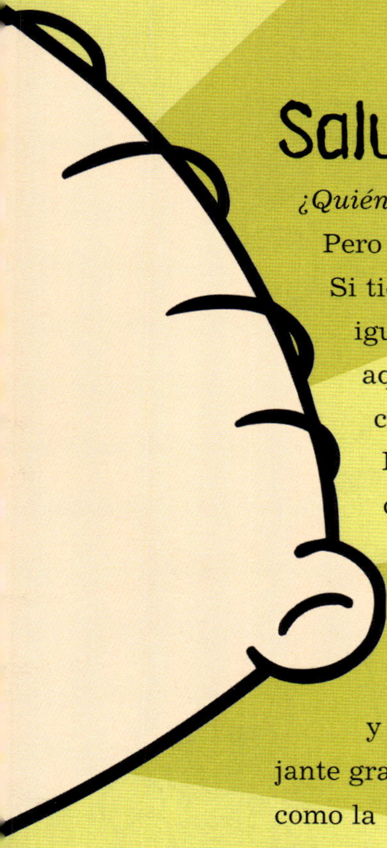

Saludos, fiel lacayo. Y gracias por comprar el libro más útil que jamás poseerás, si exceptuamos, claro, *¿Quién se ha llevado mi queso?*. Qué bien está esa obra, la verdad. Pero estoy divagando…

Si tienes este libro en las manos supongo que quiere decir que, igual que yo, sientes el deseo de convertirte en el único dueño de aquello a lo que le hayas echado el ojo. Puede que sea ese patético cuartucho gris y anodino que llamas tu lugar de trabajo. Puede que sea tu clase de cálculo. O, como en mi caso, puede que sea todo el mundo libre. Pero no te pases de listo, Paco. Tienes que saber y recordar algo esencial antes de esperar siquiera ser tan poderoso como aquí el menda

La clave para dominar el planeta es *entender* el mundo que te rodea. Para tal fin te presento, mi fiel y leal súbdito, este manual, que proporciona la base para semejante grado de conocimiento y detalle. Puedes considerarlo incluso como la "Guía estratégica para la vida".

Hala, dicho queda. Ahora sigue leyendo. O si sigues hojeando estas páginas en la librería, vete espabilando, por el amor de Dios. Saca de una vez la tarjeta de crédito y apoquina, tío. Que tengo que comprar pañales. Vale, bien. Que disfrutes la lectura y te pudras en el infierno.

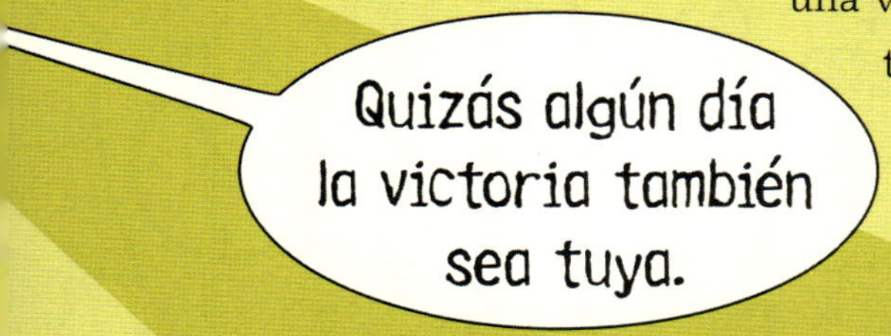

Stewie Griffin

PATRIOT
ALE

Capítulo 1

Mi FAMILIA, o motivos por los que seguro que soy adoptado

"Familia"

es una de esas palabras que parecen de lo más inofensivas la primera vez que las farfullas. Bien sabe Dios que los macacos esos de Madison Avenue te la largan en relación a cualquier chorrada si les ayuda a vender más seguros de vida, papel higiénico o Sunny Delight. Pero este término adquiere connotaciones mucho más odiosas en casos como el mío, gente cuyo intelecto supera de calle el de cualquiera de los simplones con los que comparte techo. No tenéis ni idea de lo agotador que es ser el cerebro privilegiado del grupo. El otro día, por ejemplo, vi al gordinflón comerse el desodorante. En serio, querido lector, has leído bien. Se comió el desodorante. Por eso precisamente tengo el número de Servicios Sociales en marcación rápida. Para demostrar la veracidad de mi sufrimiento cotidiano os presento ahora, como Prueba A, las siguientes pinceladas sobre cada uno del resto de miembros del clan Griffin. Adelante, léetelas, pero sólo si crees que tienes estómago suficiente para aguantarlo.

Vale, hablemos un momento de genética y evolución. Veréis, una vez me explicaron que parte del gran plan Darwiniano del universo consiste en que un niño siempre tiene un parecido especial con su padre para que así éste no se coma el tarro con que el hijo es en realidad de otro y no decida comérselo por culpa de un resentimiento primario y competitivo. En virtud de esta premisa presento con todo respeto un pequeño interrogante con respecto a mi situación particular: "¿Pero de qué coño vas?" Desde luego no puede haber nadie con quien sea más difícil convivir que este atontado ejemplo bípedo de los riesgos de enfermedades coronarias y de aspirar vapores de pintura. Tiene un gusto nefasto en programas de televisión y mujeres (obviamente), y no me hagáis hablar de sus gases, por favor. Me disculpo de antemano ante mis lectores más intelectuales por adentrarme en un tema tan básico, pero tengo que sacarme esto de dentro: **las flatulencias de este tío huelen tan mal que rozan el ridículo. En serio, son tóxicas.** Y lo que es peor, parece obtener una perversa gratificación al exponer al resto de miembros de la familia a sus nocivos gases. Tendría que ser ilegal. Y no tenéis maldito el derecho a considerarme propenso a la hipérbole en este tema hasta que no hayáis pasado una tarde con él después que haya comido coliflor. Cuando hayáis sobrevivido a esa retorcida versión del infierno hablamos.

El otro problema que tengo con este tío es su falta total de ambición. Pulula sin rumbo de empleo en empleo como un vagabundo tuerto, y gana apenas lo suficiente para vestir y alimentar a sus retoños.

Y más tonto que un lápiz es. Ooops, perdón por sonar como Yoda por un momento, pero ya sabéis a qué me refiero. El tío necesita instrucciones para encontrarse la panza. Os juro que una vez me quedé mirando cómo abría un brik de leche y, después de retorcer ambos extremos, acabó por abrirlo con un cuchillo. Alucinante. En fin, que podría rajar sin parar sobre este corpulento simplón, pero es que hay tanto que contar sobre el resto de tarados que no voy a explayarme más sobre éste...

Aay, Dios. ¿Por dónde empiezo? Supe que tenía que eliminar a esta bruja horrenda desde el momento mismo en que me obligó a salir a través de esa maldita abertura.

En primer lugar, su actitud condescendiente es como arañar una pizarra. "¿Estás listo para el avión?" "¡Claro que estoy listo para el avión, sucia vaca!" "¿A quién le duelen los dientitos?" "Se dice 'dientes', repelente mujerzuela con aliento de cerda. Aprende a hablar nuestro idioma" Y a pesar de sus irritantes modales tiene que tener nervios de acero y la agilidad de un leopardo. He dejado de llevar la cuenta de cuántos intentos he realizado para tratar de matarla. Todos acabaron desbaratados por sus arteras evasivas. ¿Y qué narices puedo decir sobre su elección de marido? **Mi teoría más acertada es que alguien se calzó a alguien en el momento álgido de borrachera y que eso dio lugar a la tradicional boda de penalti.** El resto del proceso ya lo conocéis. No digo que eso sea seguro lo que pasó, pero si me fijo en ambos, es lo único que se me ocurre.

Mi familia o motivos por los que seguro que soy adoptado

Es como uno de esos enigmas que no se resolverán nunca. Como lo de los círculos en los maizales. O el Yeti.
Hay, de todas formas, quien cuestiona mis tendencias matricidas. Es una pregunta interesante. Supongo que mis sentimientos derivan, a fin de cuentas, de una rabia no asumida y alimentada por la disociación cognitiva creada por la conciencia de mi superioridad intelectual sobre ella, yuxtapuesta con su simultánea condescendencia y falso afecto empalagoso. O eso o estoy estreñido.

maldita vaca gorda y muy, muy enferma

Al final del pasillo se encuentra una habitación que alberga a la encantadora Meg Griffin.

Dios mío, anda que no está chiflada esa niña. Aunque, para ser justos, hay que decir que la culpa no es sólo suya. Vale, necesita un par de consejos sobre moda (ahí va uno: trata de no ponerte todos los días ese horrible gorrito) e higiene (ahí va otro: trata de no ponerte todos los días ese horrible gorrito). **Pero es que ¿quién es la mujer adulta que puede servirle de modelo en casa** para evitar convertirse en la desagradable arpía en que se está transformando? Ya entendéis a qué me refiero.

En cuanto a relaciones sociales, esa torpe potranca (no es cuestión de llamarle "patosa", tampoco es plan ¿no?) no tiene ni idea. Un viernes por la tarde me dio por ver qué estaba haciendo y me la encontré sola en su habitación, cantando un tema de Christina Aguilera con un cepillo que hacía las veces de micrófono. Contemplé la escena y no pude evitar sentir cierta tristeza… por Christina Aguilera. En serio, que el producto de su alma creativa acabó berreado con tan poco ritmo por alguien que supone la esencia misma de todo lo que no es en absoluto "Sssucio". En fin, que envío a la pobre zorrita esa todo mi apoyo. En el fondo supongo que lo que de verdad deseo para Meg es que algún día aprenda de verdad a lanzar como una chica.

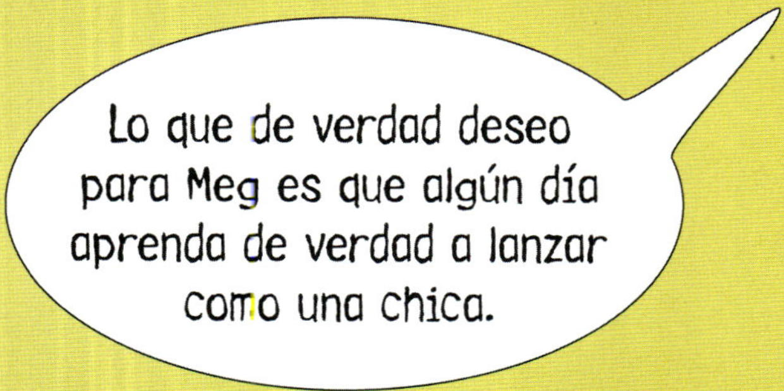

De Chris Griffin he dicho con frecuencia que es tan probable que disfrute comiéndose un perrito caliente como haciéndose amigo de él. Vamos, que éste no es un Norman Mailer.

De todas formas, el atractivo de alguien tan simplón como Chris es obvio para alguien tan manipulador como yo. Es el pringado perfecto para llevar a cabo mis peligrosas misiones y también el perfecto conejillo de indias (aunque a menudo involuntario). El otro día mismo, por ejemplo, le eché en la cena el suero de la verdad que estoy desarrollando ahora mismo. **El pobre cabroncete se pasó toda la comida corriendo, dando vueltas a la mesa y gritando que de postre quería "tarta de tetas".** Luego se quedó inconsciente en el garaje durante 96 horas. Se lo hizo encima cuatro veces y casi cayó en coma. Y con eso queda demostrado que no todo lo que sale de I+D es un exitazo de buenas a primeras.

Chris está un poco perdido en lo que a calidad de vida se refiere, y no parece que su futuro vaya a ser mucho más brillante. Veamos… bien se parece a su padre y acumula aún más peso al tiempo que pierde aún más puntos de coeficiente intelectual (CI), bien se parece a su madre y se convertirá en una zorra amargada y rabiosa. Lamentablemente, me temo que lo único a lo que puede aspirar Chris es a convertirse en uno de esos pavos excéntricos que aparecen de vez en cuando en las noticias locales, de los que se encierran en su apartamento y lo tienen lleno hasta el techo con periódicos viejos y bicis oxidadas.

Ya sabéis del tipo de monstruitos del que os hablo, esos que tienen la casa tan llena de basura que, literalmente, no pueden moverse. ¿Qué le pasa a esa gente? En serio, si alguien tiene la respuesta que me la envíe por correo electrónico, por favor.

Ah, el perro. Se cree de lo más brillante ¿verdad? Tan intocable y lleno de virtud. Bueno, eso hasta que alguien enciende la aspiradora y se mea patas abajo y sale corriendo hacia el armario más cercano. Y habla taaaaaaaaanto. ¡Cierra el pico de una vez! **Vale, ya lo entendemos. Lees el *New Yorker*.** Pues muy bien, cultureta. Eso mismo haría la mayoría de la gente si no tuviesen trabajo y se pasasen el día en casa, con pausas periódicas para revolver en el cajón de la ropa interior de Lois. Sí, sí, le he visto hacerlo y, la verdad, me enferma. Una vez le pregunté al respecto y me dijo que estaba buscando sus gafas de sol buenas. Dijo que creía que las había dejado en el cuarto de Lois y el gordo. Pero creo que sabía que no me lo tragué. Ya sabéis, un momento de esos en que alguien miente y el otro sabe que miente, y el

mentiroso también sabe que la otra persona sabe a su vez que miente, pero todo es tan raro que todos decidimos seguir adelante y no admitirlo.

Seguro que habéis vivido un momento así con vuestro jefe y su secretaria, o con vuestro compañero de piso y sus largas "duchas". Bueno, pues fue uno de esos. De todos modos, el cachorrito cree que es de lo más guay, pero lo cierto es que por dentro está hecho un lío. Sobre todo con las mujeres **Basta con que pase cerca una mujer medianamente atractiva y el otro ya saca "la barra de labios".** Y se pone a reír como una colegiala idiota. Es realmente repulsivo verlo. Una vez, mientras él charlaba con una vendedora de Barnes&Noble*, vomité, literalmente. Vale que Lois me había dado antes atún en mal estado, pero estoy bastante convencido de que el verdadero responsable fue el flirteo torpe y vacilante del perro. De hecho, sólo por pensar ahora mismo en eso, puede que me haya subido algo de vómito a la boca y que me lo haya tragado. Puajjj.

* Grandes almacenes

Siempre pulula por ahí algún tontorrón que puede cambiarme el pañal.

Los raros momentos en que una familia puede servir de algo

1 Constituyen una excusa cómoda para evitar funciones de las que, de todos modos, preferiría no ocuparme ("Me encantaría ir a chapotear en el charco de barro, pero tengo esta cosa familiar...")

2 La tarjeta de puntos del super que tiene Lois es muy útil para viajes en mitad de la noche para comprar a granel baterías de coche (para alimentar distintos artefactos perversos).

3 Más miembros en la familia equivale a más regalos en Navidad, y a lo mejor uno de ellos es por fin plutonio.

4 Al ser seis en casa, tocamos a celebración de cumpleaños cada dos meses (puede que sea malvado, pero eso no quiere decir que no me guste la tarta).

5 Cuando envío la solicitud de miembro al club de "12 CDs por un céntimo" puedo poner en ella el nombre de Lois y por tanto estoy libre de sospecha cuando vienen a buscarnos para que compremos más. Dejo que sean ella y la agencia de morosos los que lo resuelvan todo.

6 Gracias a la insistencia del gordo por hacerse con el paquete más exhaustivo de tv por cable puedo conseguir pases de temporada en TiVo para ver todas las pelis de pago.

7 Siempre pulula por ahí algún tontorrón que puede cambiarme el pañal

Alguna gente ha tratado de insinuar que tengo un problema con las mujeres.

Capítulo 2

El amor y los géneros o por qué las mujeres son unas criaturas tan retorcidas y desconcertantes

Algunos han tratado de insinuar que tengo un problema con las mujeres. Me gustaría desmontar ahora mismo esa falacia.

Sólo tengo problemas con las arpías pelirrojas de voz nasal que insisten en que me lo acabe todo en cada comida. En serio, que a mí me da igual que haya niños que se mueren de hambre en China o África o en cualquier otro sitio que queráis decir. Esa información no tiene relevancia, no cambia el hecho de que mi puré de patatas sabe a caca de rinoceronte.

Una vez dicho esto, que quede claro que nunca he entendido la inmemorial lucha entre hombres y mujeres. ¿Por qué crear dos modelos de seres humanos cuando uno sólo bastaría y crearía menos problemas? A ver, a Henry Ford le fue bien durante bastante tiempo limitándose a fabricar Ford Ts ¿no? Y ya sé lo que estáis pensando, lo de la reproducción y tal ¿ehh? Bueno, pues os diría que si se hiciera a los humanos capaces de la reproducción asexual (como, por ejemplo, algunas esporas muy, muy inteligentes), entonces no se necesitarían ambos sexos y todos nos ahorraríamos el trauma de tragarnos horas y horas de malos monólogos cómicos sobre las grandes diferencias entre hombres y mujeres (y, sí, me dirijo a ti, Rita Rudner*).

Supongo que lo que quiero decir es que Dios la cagó pero a base de bien cuando creó los bocetos para los seres humanos. A ver, lo del sistema digestivo... sorprendente. La capacidad de curarnos... un toque de genio. **Pero lo de necesitar constantemente al otro sexo... eso es peor que mearse en la cama.**

* Actriz cómica presentadora de shows televisivos.

Cómo comportarse en la primera cita con una mujer.

Los hombres han demostrado tradicionalmente que no tienen la más remota idea de cómo comportarse al cortejar a una mujer, sobre todo cuando salen por primera vez juntos al, pongamos por caso, cajón de arena común, o lo que narices quiera que sea que hacen los chavales de hoy en día. Por tanto os ofrezco con toda humildad, queridos lectores, unas cuantas directrices para que sepáis cómo comportaros durante vuestra primera cita con una potencial compañera.

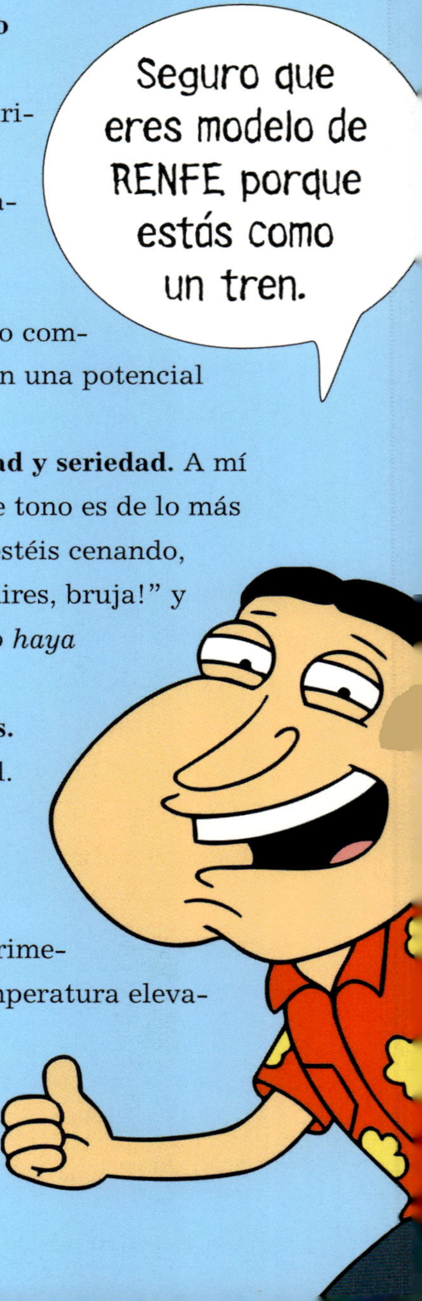

Primero, tratad de hablar con autoridad y seriedad. A mí por lo menos siempre me ha parecido que ese tono es de lo más eficaz al lidiar con Lois. Así pues, mientras estéis cenando, sentíos libres de usar frases como "¡No me mires, bruja!" y "Ni se te ocurra ponerte a comer hasta que *yo haya empezado*".

En segundo lugar, evitad las colonias chungas. Las mujeres quieren oler vuestro aroma natural. De hecho, la evolución dicta que vuestros efluvios masculinos son un potente afrodisíaco. Por tanto, si aplicamos esta máxima, lo lógico es hacer ejercicio físico intenso justo antes de la primera cita (preferentemente en una sala con una temperatura elevadísima y con ventilación mínima) *pero no debéis ducharos bajo ningún concepto al acabar.*

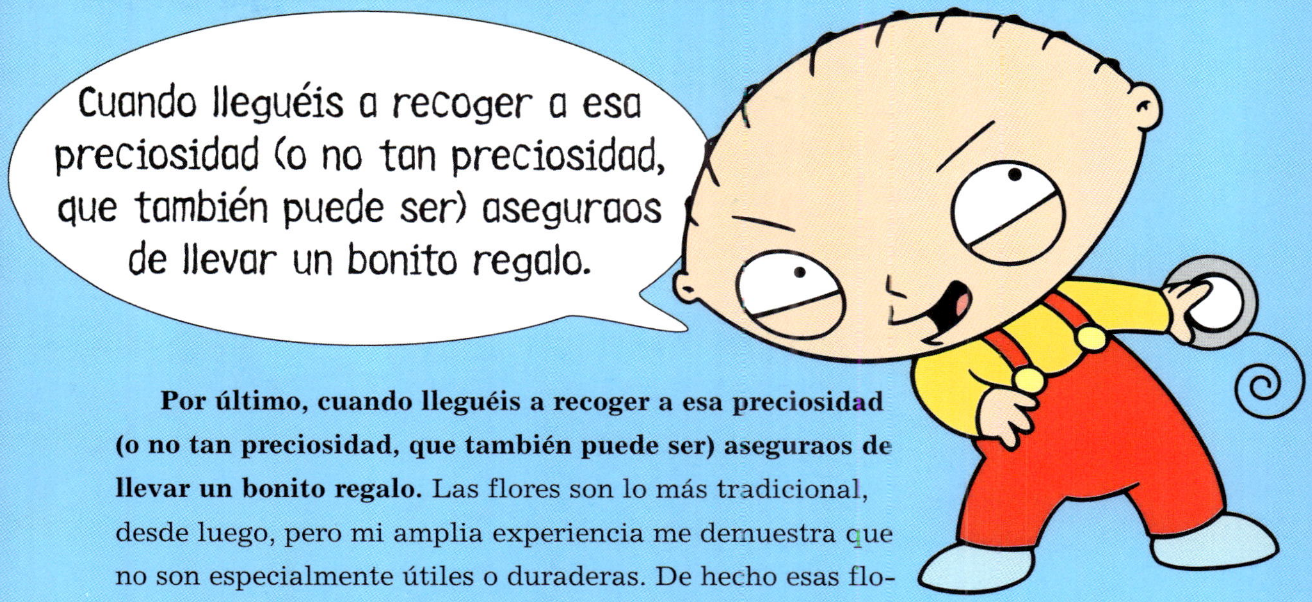

Por último, cuando lleguéis a recoger a esa preciosidad (o no tan preciosidad, que también puede ser) aseguraos de llevar un bonito regalo. Las flores son lo más tradicional, desde luego, pero mi amplia experiencia me demuestra que no son especialmente útiles o duraderas. De hecho esas flores en las que os habéis gastado el dinero ganado con el sudor de vuestra frente se habrán marchitado en menos de una semana. En lugar de eso, decantaos por algo más útil y/o duradero. Yo por lo general deleito a mi dama con un delicado regalo; sellos. Siempre serán útiles y los apreciarán porque ¿quién de entre nosotros no tiene por ahí facturas o sobres a la espera de sellos? Para esa mujer especial puede que me estire y envuelva y le dé un precioso extintor. Algo que durará mucho más que las flores, eso seguro, y puede que incluso le salve la vida (y esa es una forma a prueba de bomba de conquistar el corazón de una mujer).

Ahí queda eso. Pero os recomiendo que uséis estos consejos con precaución. Lo que tenéis entre manos ahora equivale a la contraseña secreta necesaria para descodificar al otro sexo. Tratadlas con el respeto que merecen. Y como decía el viejales decrépito de *Canción triste de Hill Street*,

"Tengan cuidado ahí fuera"

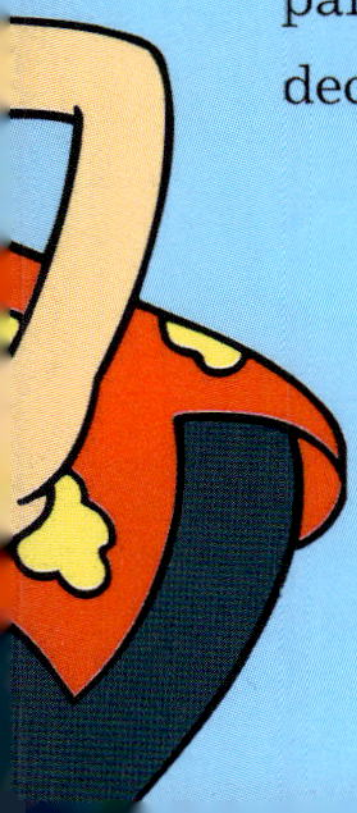

Cómo saber si tú también le gustas a ese alguien especial.

Tendrás la seguridad de que esos sentimientos afectuosos son recíprocos si él/ella

1 Hace comentarios elogiosos de tu colección de chapas.

2 Se ofrece a sujetarte la cabeza mientras vomitas por culpa del consumo excesivo de alcohol (o por tener el estómago revuelto por culpa de la aspirina infantil)

3 Te guarda siempre un sitio a su lado en todos los juegos… y trata de fingir que fue por casualidad.

4 Te pregunta con insistencia a quién tienes en los contactos del Messenger.

5 Se ofrece *voluntariamente* a cambiarte los pañales (aunque estén bien cargaditos)

Las formas más románticas de declararse a tu chica

¿Ha llegado la hora de sucumbir por fin a ese contrato social conocido como matrimonio para toda la vida? Bueno, pues si descubrís que os han lavado el tarro convenientemente con ese omnipresente mito cultural que es encontrar vuestra media naranja y estáis dispuestos a despilfarrar la pasta que tanto os ha costado ganar en una piedra brillante sobre un anillo de latón, hay un par de trucos que podríais utilizar para que vuestra "amada" sienta que habéis estado a la altura de las expectativas ridículas que se ha creado después de años de tragarse lo que le cuentan las revistas para adolescentes.

1 Contrata un coro de gospel para hacer una petición de mano cantada. Es una buena forma de añadir un toque de clase. Y además la presencia de desconocidos puede ser que, si tiene dudas, se muestre reacia a responder que no.

2 Escribe tu propuesta en el cielo. Es una apuesta arriesgada. Ten cuidado porque algunos tribunales pueden considerar que has cerrado un contrato con todas aquellas mujeres de la zona que se llamen igual que vuestra posible prometida (vamos que *Cásate conmigo, Sharon. Te quiero, Gerald* acabarán leyéndolo muchísimas Sharons)

3 Haz la pregunta mediante la megafonía y pantallas del campo de béisbol. Resulta siempre romántico, pero si la respuesta es "no" este método implica el riesgo de que tu humillación se emita una y otra vez en la sección de pifias de los deportes de las 11 en el programa del gilipollas de las noticias locales.

4 Esconde el anillo de compromiso en su copa de vino. Sí, es un clásico, pero no apartes la vista de la sortija, no vaya a ser que te pases una noche de lo más estresante en urgencias mientras esperan que a tu amada le salga un diamante por el culete.

Capítulo 3

Los jóvenes de hoy (y por qué necesitan ponerse al día o darse el piro)

Antes de empezar permitid que os diga que entiendo que cada generación tiende a creer que el nivel de corrupción, inmoralidad y promiscuidad de las siguientes generaciones es más elevado que nunca antes. Una vez dicho esto, los jóvenes de hoy son una panda de hooligans obsesionados con el sexo y la boca llena de tacos que necesitan urgentemente una buena patada en la entrepierna y hacer las tareas de casa durante todo un día.

Empecemos por el comportamiento "callejero". Confieso que me quedo hipnotizado cada vez que Lois me arrastra al Stop&Shop* y acabamos por cruzarnos con pandillas de inseguros chicos caucasianos que sienten la necesidad de hablar como si fueran afroamericanos. ¿Les parece que así molan? ¿Creen que les hace parecer más guapos ante el sexo débil?

* Cadena de supermercados

¿Creen que van a conseguir así el respeto de sus profesores, vecinos y sacerdotes? Pues noticia de última hora: de eso, nada. No van a conseguir nada de eso.

Y tampoco sois mejores vosotras, jovencitas. ¿Por qué será que todas las chicas que veo en la calle se sienten obligadas, en un momento u otro, a berrear el último éxito pop mientras mueven el dedo para indicar las notas que creen estar dando, como si colgasen de un pentagrama imaginario que flotasen junto a sus cabezas? Nena, lo de mover la mano en el aire no hace que no desafinéis. De eso nada. Así que aspirantes a Britneys varias, menos mover las manitas y más clases de canto.

Y para acabar ¿a qué viene esa obsesión con el sexo? Es lo único en lo que pensáis los jóvenes. Si eso es lo único que os interesa, **¿quién de entre vosotros va a ser el que descubra por fin el significado de la vida, o la cura del cáncer, o un chicle que conserve el sabor más de seis putos segundos?** Así hacemos del mundo un lugar mejor, gente, esforzándonos para llegar al siguiente nivel de ciencia y literatura, no buscando en Google las fotos de la última famosa a la que se le salió accidentalmente una teta mientras estaba en el escenario. Venga, vamos, largaos. Marchaos todos. Me ponéis enfermo.

Por qué la MTV es la causa de todo mal

Vale, sé que la juventud le gusta mucho la MTV (y la MTV2 y la MTV Latino y el resto de canaluchos que emitan esos gilipollas hoy en día), pero tengo que avisaros de que esta gente no difunde más que el mal en estado puro y el declive moral. He aquí algunas pruebas que respaldan mi razonamiento:

1 Ya no hay música en la puñetera cadena. Sí, soy consciente de que es una queja antiquísima, pero es que la palabra 'Música' está en el nombre mismo de la empresa, cretinos despreciables. Dejad como mínimo de ser tan ingenuos y cambiad el nombre de MTV a TV de *Road Rules-Pimp My Ride*-y-estudiantes-universitarios-borrachos-que-hacen-cosas-asquerosas-sin-cobrar-nada-y-sólo-porque-alguien-les-puso-una-cámara-en-las-narices.

2 La publicidad de MTV no hace sino convencer a nuestros jóvenes hombres y mujeres de que tienen la cara demasiado llena de acné, de que les canta demasiado el sobaco y de que sus tampones no absorben lo suficiente… cuando en realidad tendría que aleccionarlos para que *me* adoren y sigan.

3 ¿Siguen echando *Gran Hermano*? ¿En serio? ¿En serio? Venga, hombre, vamos. Como si no nos hubiésemos hartado ya en, digamos, 1991 de ese seudoconflicto insípido y perfectamente ensayado.

¡Condenemos la mtv a las sangrientas entrañas del infierno!

4 Un comentario sobre *Punk'd*: ¿eso es lo mejor que podemos hacer? ¿Gastar bromas pesadas a la gente y luego ver cómo se esfuerzan por no pegarle un puñetazo a nadie? (Vale, lo confieso, tengo que reconocer algo al respecto porque sí que hubo un episodio con el que me eché una risa… el de Tracy Morgan pegándole gritos e insultos al tipo que se llevó el coche con la grúa. Buf, con esa secuencia llené un Dodotis enterito)

5 ¿Y "Wildboyz" qué? ¿Se supone que tiene que molar? ¿Se supone que esos "tíos" en concreto son "salvajes" por escribir boys con z al final? Cuidado, gente. Precisamente por eso los EEUU son el segundo país más estúpido del planeta. *¡Aaaugh!*

6 Estoy bastante seguro de que preferiría darme de cabezazos contra el muro durante media hora que tragarme las desventuras televisadas de Jessica Simpson mientras escoge esmalte de uñas con las taradas de sus amigas.

¡Voy a transformarte en cacota!

Alto a la obesidad infantil

Muy bien, jóvenes, coged una silla. Hay un tema de gran importancia que tenemos que abordar. Ahí va: **¡Por el amor de Dios, dejad el mando de la Xbox y levantad el culazo!**

¡Eso es, salid a dar una vuelta de vez en cuando! ¡Dad una vuelta en bicicleta! ¡Haced girar una rueda con un palo carretera abajo! ¡Sea lo que sea lo que hacéis los chavales de hoy en día, hacedlo! ¡Dios mío, si es que la epidemia de obesidad infantil de este país ha alcanzado proporciones absurdas. No sólo es de lo menos saludable para vosotros, sino que, sinceramente, encima me da asco veros cada vez que tengo la mala suerte de encontrarme con vuestras lorzas rebosantes en el centro comercial, el mercado o la ferretería.

Pero es que es aún peor que eso, jovenzuelos. En conjunto, gorditos rellenos, hacéis que parezcamos imbéciles ante el mundo. Mirad a vuestro alrededor –Francia, Pakistán, Sudán– vamos, a cualquier país menos el nuestro. ¿Veis hordas de gordos sueltos por ahí, como sí ocurre en nuestros 50 estados? La respuesta, por si estabais demasiado ocupados engullendo vuestra McGorda y el Batido Hiperespeso y no pudisteis oír la pregunta, es ¡NO! Así que dejad de ponernos en ridículo ante el resto de países del mundo. El mensaje que transmitís es que somos tan tontos que no somos capaces de cerrar el buche aún cuando han dejado de quedarnos bien los pantalones.

¡MALDITA LA HORA!

Una vez dejen de respetarnos, desde luego no van a venir a ayudarnos en cualquier situación internacional en la que podamos necesitar su ayuda.

Así que si vais a recordar algo de lo que acabo de deciros, que sea esto: Cada chimichanga de ternera que engulláis es una pequeña victoria para los terroristas. Hala, ya podéis volver a vuestras raciones desmesuradas, saturadas y grasientas que seguro que acaba de poner ante vosotros la camarera de la Casa del Chile. Me doy cuenta de que lucho en una batalla que no puedo ganar.

Horrores de la moda juvenil

Soy tan consciente como el que más de los caprichos de la moda juvenil. Y aún así me gustaría dar un par de consejos a los y las jóvenes que piensan que cumplen con su misión de rebeldía adolescente por vestirse como lo hacen.

Para ellos

- No todos sois (ni tenéis por qué ser) skaters.
- Cortaos ese ridículo pelo fregona que lleváis (sí, he dicho que es ridículo).
- Subíos los pantalones. Nadie quiere veros los calzoncillos, y aquí el menda menos que nadie.
- Borrad esa sonrisita de vuestra cara antes de que os la arranque yo.

Para ellas

- Parecéis una panda de zorras. Dejad de vestiros como tales.
- Nadie piensa que vuestra decisión de atravesaros el ombligo con un pendiente os hace parecer adultas. Y aún menos si luego se infecta.
- Dejad de inspiraros en los putones que veis en el cine y la tele. No todo el mundo puede tener un pecho como el de Lindsay Lohan (al menos no sin una operación, claro)
- Y, señoritas, tapen esas rajas. Dicho queda.

¡POR EL AMOR DE DIOS, LEVANTAD EL CULO Y EMPEZAD A HACER DE PADRES!

Capítulo 4

Paternidad (y no me refiero a la chorrada esa para pedir la baja)

No estoy seguro de que realmente pueda aportar demasiado sobre este tema, pero claro, luego veo a alguien como Ozzy Osbourne. Por el amor de Dios, está claro que ese tío no está en absoluto preparado para ser padre, y aún así ha podido mantener de alguna forma con vida (por lo menos de momento) a esos chavales. Por cierto, Ozzy, si por casualidad lees esto: **¿Qué coño te ha pasado, tío? Antes eras el puto príncipe de las tinieblas y ahora no eres más que un fulano patético y balbuceante que no consigue controlar a sus propios hijos o evitar que sus mascotas se caguen en las alfombras persas.** Recomponte, tío, y empieza a partir un par de caras pero ya.

En cualquier caso, si el Sr. Osbourne puede pretender que es capaz de dar consejos sobre paternidad, entonces supongo que yo puedo intentarlo también. Eso sí, mis observaciones tratarán, desde luego, de arrojar luz sobre el tema de la paternidad desde la perspectiva de alguien que la padece todos los días y, por tanto, puede hablar de técnicas que tienen como resultado un chaval contento y las que hacen que el niño quiera cometer matricidio (y esta segunda categoría es, de calle, la más amplia de las dos).

Así que resulta que quieres ser padre

Estás listo para dar el salto ¿eh? ¿Te piensas lo de fusionar tus gametos con los de ese alguien especial (o, más probablemente, ese alguien medianamente decente, que-tampoco-es-como-para-escribir-a-casa-y-contarlo-pero-que-trabaja-como-ejecutivo-medio-respira-y-no-es-repulsivo-del-todo)? Pues has venido al lugar indicado.

Traer otro ser humano al mundo no es ninguna minucia. Tendríais que contar con que os cambie la vida para siempre. Os presento en ese sentido lo que puede esperar un padre primerizo en su día a día (basado totalmente, por supuesto, en el conocimiento de primera mano que tengo sobre la parte infantil de la ecuación). Así que lee, posible padre. Pero puede que antes quieras sentarte.

4:27 A.M. Suena mi alarma para que me levante y suelte mi grito más agudo y teatral para despertar a esa horrible bestia pelirroja. Lo hago porque la conozco lo suficiente como para saber que una vez está despierta le resulta casi imposible volver a dormirse. Toma nota, lector: la privación de sueño puede ser una poderosa herramienta contra tus enemigos.

6:03 A.M. Chupo algo de leche rancia de una teta caída. Ya sé que parezco un querubín, pero un niño tiene que comer ¿no?

6:05 A.M. Me hago caca. No porque lo necesite, sino para que siga alerta, para que ella sepa quién manda.

7:10 A.M. Salpico mi desayuno por toda la habitación. Este semana he decidido tratar de lograr un nuevo récord de distancia.

9:29 A.M. Me arrastran a la tienda. Castigo a la bruja por interrumpir mi agitada jornada y lo hago fingiendo que me da un ataque por cada uno de los cacharros de la caja de salida. ¿Os podéis creer que la última vez casi consigo que compre una máquina de fotos desechable? Ay, qué mujer más débil.

11:45 A.M. Siguen llevándome a rastras. En este caso a clases de natación con Darrin, un pringado sin solución que "sigue yendo a clase por libre en la Universidad mientras vive un poco más con sus padres". El pavo tiene 34 tacos.

12:58 P.M. Me hacen tragar el almuerzo de Basura Blanca; queso, pan y yogur, mientras me mantienen atado a la silla con cinchas. Abu Ghraib está un paso por encima de este tratamiento.

2:10 P.M. "Hora de la siesta" durante la que en realidad me dedico a descargar planos de la web y a leer el correo electrónico.

4:41 P.M. Vuelven a arrastrarme, esta vez al parque. Me atan (otra vez) a un columpio, y me empujan con ritmo regular y repetitivo, como un péndulo. Por lo general uso estos momentos para meditar. Para limpiar mis chakras y tal, ya sabéis.

5:20 P.M. Me pillo un berrinche a gritos sin motivo alguno. ¡Ja!

6:01 P.M. Cena. Más queso. ¿Qué quieres, que me dé un ataque al corazón, zorra?

6:40 P.M. Veo un video de *Baby Einstein**. Mirad, y va en serio, es de lo más entretenido. Ojalá que la mujer que los creó –y que insiste en incluir a sus hijas en todos y cada uno– se diese cuenta de que sus hijas no le parecen a *nadie* tan adorables como a ella. De hecho la mayor es hasta irritante, con esos modales tan afectados y esas sonrisas falsas. No son más que críticas constructivas, Julie.

7:01 P.M. Baño. En una buena noche me hago pis sobre Lois. No hay nada más divertido.

7:45 P.M. A la cama. Aunque lo cierto es que por lo general me quedo despierto hasta eso de las 11:30, trabajando en cacharros y planes. O los jueves igual veo *CSI*. Jorja Fox. Miau.

Así que ya veis. Me refiero a que resulta agotador. Así que leeos esto bien antes de decidiros a hacer cochinadas con ese pretendiente guarrete que lleva un tiempo tratando de meterse en vuestros pantalones. Puede que sea el mejor anticonceptivo a vuestra disposición.

* Popular serie de videos para educación infantil.

Técnicas educativas del siglo XIX que habría que recuperar... o no.

Si vuestros hijos no dejan de quejarse por lo mal que los tratáis, tienes toda la libertad del mundo para compartir con ellos algunos de estos ejemplos de técnicas educativas del siglo XIX. Si bien sería realmente malvado decir que habría que recuperar alguna, tampoco podemos evitar pensar que quizás –y digo quizás– se abandona algunos modelos educativos antes de que sea realmente necesario hacerlo. Y sin más preámbulo...

1 Según John Locke (que en la época era un experto con gran reputación en estos temas) hay que meter a los niños en agua helada 5 veces al día para evitar que la comodidad y el calorcito los ablanden o civilicen demasiado.

2 Locke pensaba también que los niños tienen que ir siempre descalzos.

3 Para evitar que vayan a gatas (actividad que se consideraba propia de animales) otros expertos aconsejaban a los padres que enrollasen a sus hijos en varias capas de ropas bien apretadas. Eso acabó por hacer que los padres jugasen a una especie de fútbol con las criaturitas.

4 Por último, para evitar que los niños se autosatisficieran, se recomendaba a los padres que les atasen las manos a la cama o les pusiesen guantes de metal para dormir.

Ah, el progreso. Pero ¿quién dice que sea lo correcto? Quizás Darwin llevó a cabo sus mejores reflexiones metido en agua helada. Si es que no podemos evitar preguntarnos si el ser humano no habría llegado ya a Júpiter si más niños llevasen guantes de metal.

Síntomas de que tu hijo está tratando de matarte

¿Estás totalmente seguro de que tu retoño, por lo demás alegre y revoltoso, no trata de matarte? Pues no lo estés. Esa pánfila de voz aguda desde luego parece no tener ni idea de que voy a por ella. Sugiero que prestéis atención a los siguientes síntomas:

1 Encuentras inexplicables marcas de garras en los muebles. Y no tenéis gato.

2 Ves que se forma un misterioso charco de líquido de frenos justo debajo del morro de tu coche nuevo.

3 Una de las teclas de tu piano lleva semanas sin sonar. Cuando lo investigas descubres que ha desaparecido la cuerda.

4 Encuentras un extraño rastro de insectos muertos que llevan hasta el cubo de la basura donde tiraste tu comida porque "sabía rara".

5 Tu hijo insiste en que veáis El Mundo según Jim. Nah, esta va de coña, claro; con eso simplemente te sangrarían los ojos.

¡hay
traiciones
por doquier!

Por el amor de Dios, decidle sí a las drogas

Capítulo 5

Dificultades de ser un bebé o por qué la dentición no es para pusilánimes

Puede que suene a chulería, pero me las he arreglado bastante bien solito, teniendo sobre todo en cuenta mi corta estatura y control bastante limitado de mis tripas. Y, por supuesto, lo de ser un niño pequeño tiene muchas ventajas (las manos pequeñas, por ejemplo, van muy bien para manipular muchos de los cables que hay en muchas cámaras espía y detonadores). Pero un bebé tiene muchas más limitaciones de lo que pudiera parecer a primera vista. En este capítulo exploraré alguno de los inconvenientes menos conocidos de una época en la que los que te rodean consideran que es todo un logro que digas adiós con la mano.

Ah, y, por cierto, que me lo pasé tan bien en el capítulo anterior al hacer mis comentarios directamente para Ozzy Osbourne que he pensado hacer más de lo mismo, sólo que esta vez con el Sr. Jimmy Fallon. Así que allá vamos.

Hombre, ¿qué tal Jimmy? ¿cómo estás? ¿qué tal todo? Bonito corte de pelo, tío. Eh, oye, tengo un recado para ti… sí, mira, lo de portarte como un aficionado, pasar del personaje y mirar directamente a la cámara… sólo le parece divertido a Horatio, pedazo de tarado. Y además no es nada profesional. Hala, ya está dicho. Ya puedes volver al rodaje de *Taxi 2: Bugalú Eléctrico* o lo que quiera que fuese que estabas haciendo.

Mis más sinceras disculpas, querido lector, por esta digresión, pero espero que estés de acuerdo en que era algo que había que hacer. Hala, ya puedes seguir leyendo...

¡Maldito seas y tal!

Dentición

¿Cuándo fue la última vez que os quemasteis... qué sé yo... con una sopa que estaba un pelo demasiado caliente? Duele bastante ¿no? Bueno, pues imaginaos ese dolor de boca durante un período de bastantes meses, multiplicadlo por veinte y luego imaginaos que eso que vais a comer es en realidad un clavo de hierro que una manada de bueyes rabiosos pretende clavar en el ojo de una aguja. Bueno, pues eso no es más que *un* diente.

De acuerdo, le reconozco al de arriba mucho mérito por el resto de sus diseños. Los océanos, la puesta de sol, Jennifer Garner... son ejemplos excepcionales. Pero si presentasen sobre la mesa de alguien del departamento de I+D de alguna de las compañías de la Fortune 500 la idea de "nacer sin dientes y que estos vayan saliendo de manera individual y muy dolorosa", el responsable de la ocurrencia tendría que buscar trabajo en menos de lo que tardas en decir "en menos de lo que tardas en decir" (¿Veis lo que acabo de hacer? A veces me hago reír hasta a mí mismo)

Así que cada varias semanas **me quedo dando vueltas en la cuna con un dolor atroz porque alguien en la fábrica del Jefazo quería irse a casa temprano para ver los resúmenes de los partidos del fin de semana.** Y, por si no fuera bastante, esa arpía horrible se niega a darme analgésicos para aliviar la tortura que padezco. ¡No, ni siquiera una puñetera aspirina!

Ya sé qué estáis pensando, y, creedme, en este caso predicáis a un converso. Pero parece que la tía esta leyó no sé qué basura homeopática/naturista en la revista Saber vivir y el que paga el pato ahora soy yo. Y ella se siente bien consigo misma aunque engulle una fuente gigantesca de helado cada noche antes de irse a la cama. Como si eso no fuese nada hipócrita.

Supongo que lo que quiero decir es que, en lo relativo al dolor de la dentición, por el amor de Dios, decid que sí a cualquier droga.

Cómo fingir que te divierten las historias sobre el Ratoncito Pérez

Otro inconveniente importante de tener mi edad es la responsabilidad que me han impuesto de ser cómplice en toda esta tontería del Ratoncito Pérez. Quizás lo de mantener la homeostasis de este gigantesco fraude cultural forme parte de mi naturaleza (qué queréis que os diga, me gusta hacer feliz a la gente) pero, si lo pensáis bien ¿qué otra alternativa tengo? Veréis **si confieso que sé que todo esto es una charada, entonces resulta que se corta el chorro de dinerito contante y sonante que me encuentro bajo la almohada cada vez que se me cae un diente, ¿no?** Venga, que no soy estúpido tíos. Incluso yo, Stewie Griffin, tengo facturas que pagar.

Así que ¿qué hago? Pues me veo obligado a fingir que soy tan crédulo o tan idiota como para creerme que existe por ahí un ratoncito que se entera de cada diente que se le cae a cada niño cada día

(imaginaos la contabilidad de este tipo a fin de mes) y que tiene el tiempo y los medios de transporte necesarios para llevarle al niño (o a la niña, que no es cuestión que penséis que soy en absoluto machista) unas pocas y miserables monedas a cualquier rincón del mundo y dejarlas bajo la almohada del chaval.

Vale, bien, de acuerdo. Digamos que por un momento dejamos de razonar y supongamos que este ratoncito tiene una fuente al parecer inagotable de monedas (¿de dónde salen, por cierto? ¿de entre los cojines de todos los sofás del mundo?) y que lo de llevar a cabo esta función tan tediosa tiene algún tipo interés. Vale, pues tengo una pregunta ¿QUÉ PASA CON TODOS LOS DIENTES? Hay 6.000 millones de habitantes en el planeta; supongamos que el 2 % está en edad de que se le caigan los dientes, y eso nos da un total de 120 millones de niños. Y digamos que de esos el 1% pierde algún diente algún mes. Bueno, pues eso nos da un total de 1,2 millones de dientes al mes.

Ya entendéis a qué me refiero. Veis lo absolutamente absurdo de que alguien como yo tenga que comulgar con semejante fraude. Sinceramente, me parece demasiado frustrante como para seguir pensando al respecto, así que me voy a ir a mi cuarto a hacer lo que hago siempre para relajarme: escribirle la carta a Papá Noel.

Capítulo 6

Preescolar y guardería o el simulacro de sistema educativo que tenemos

Bueno, puede que os preguntéis "¿Qué derecho tiene un bebé (que no ha pisado un aula en su vida) a criticar el sistema de educación pública de este nuestro país?" A lo que replico, querido lector, con esta pregunta: "¿Qué diferencia hay entre esa lista eterna de políticos que dicen saber qué es lo mejor para nuestras escuelas, cuando en realidad llevan desde los días de la Administración Johnson sin acercarse a un colegio, y yo?" **¡Ja! Chupaos esa, politicastros avejentados y sin contacto con la realidad.** (Por cierto, ese gritito de apoyo que puede que hayáis oído era el Sindicato de Profesores y su iniciativa nacional de berrear "Bien dicho, chaval") Pero a lo que íbamos...

Que ahora que me he sacado eso de dentro, me gustaría comentaros mi visión de la educación hoy. Si, soy consciente de que los días de prédica en un colegio con una única aula han desaparecido hace tiempo, pero seguro que hay un agradable término medio entre que te peguen con una regla en la mano por portarte mal en clase de siembra y recolección

y que te cachee un segurata maloliente tras pasar el detector de metales camino de clase de Educación Física.

Total, que en las siguientes páginas espero poder ofreceros alguna información que pueda seros útil al tiempo que pasáis de esos primeros días aterradores en la guardería a los exámenes finales de bachillerato (condición para la que he inventado una cura. Se llama: "más te vale subir esa media de suficientes, gordito, o vas a acabar en los marines… y **a los iraquíes les importa un pimiento cuántos puntos te dieron por practicar waterpolo o lo borracho que estabas el día de Selectividad, ¿te enteras?"**). Así que seguid leyendo, ¿vale?

Las tres erres

Y así comienza nuestro viaje para identificar las causas del declive de los estándares educativos de este país. Parece que basta con centrarse en algo básico, el famoso principio educativo de "las tres erres".

Examinemos un momento este concepto. Por supuesto todos sabemos que la primera 'r' es la de **leer.** Vale. Muy bien. Desde luego que no puedo negar la importancia de establecer una base de alfabetización sólida y de conocer las grandes obras del canon de ficción y de no ficción. (Sí, incluyendo al sobrevalorado Faulkner. Bien, Bill, ya lo pillamos, sabes escribir como si fueras retrasado. Pues felicidades)

Pero luego pasamos a la segunda de las tres erres: **escribir.** Hmmm. ¿Ve alguien más lo mismo que yo? Pedimos a nuestros jóvenes que pongan la escritura entre sus tres prioridades educativas, pero no nos fijamos ni siquiera en la letra por la que empieza la maldita palabra (Y de esto culpo también a la maldita MTV, pero estoy divagando...)

Y justo cuando piensas que las cosas no pueden ser más insultantes, va y aparece la tercera erre: **'ritmética.** Sí, sí: 'ritmética. Por el amor de Dios, ¿pero a quién se le ocurrió lo de las tres erres?¿Al Jefe Hogg? Sinceramente, ¿hay alguien medianamente cultivado que hable así? (Y no me digáis que la gente del Sur porque tratar de defender que en el Sur hay alguien medianamente cultivado es como tratar de decir que en la Atlántida hay unicornios y gamusinos; algo que, por más optimismo eterno e infantil que le eches, suena como fantasía pura y dura)

Así que, si no lo he entendido mal, al final lo que nos queda no son las "tres erres" sino una L, una E y una R. En ese caso y ya puestos, ¿por qué no unirlas y crear un acrónimo inteligente que sea tan fácil de recordar como lo de las tres puñeteras erres?

No hay, por ejemplo, país al que le gusten más los L.E.R 2 que el nuestro. Nos gusta criarlos, verlos de lejos en la tele y luego idealizar a algunos en el Canal Historia y verlos durante décadas. Sería un acrónimo memorable. ¿Y qué os parecería do L.E.R? Creo que estaréis de acuerdo en que podría considerarse que esa es la base real de la atormentada filosofía de este país.

Así que cuando empecéis a buscar las bases del deterioro de nuestro sistema educativo, no le echéis la culpa a los chavales (por lo menos no de buenas a primeras; ya comentaré algo sobre ellos en otro capítulo). Echadle la culpa a los Jefes Hogg de este mundo que empezaron ya la empresa con mal pie al inventarse la tontería esta de "las tres erres". Aunque si queréis echarles la culpa, supongo que tendríais que enviarles una nota con el Pony Express porque seguro que esa panda de patanes ni siquiera conoce los modernos medios de comunicación de hoy en día.

Si yo dirigiese el sistema educativo

Una cosa es criticar el estatus quo y otra bien distinta plantear tu visión personal de cómo hacer las cosas de otra forma. Permitidme pues explicar a qué me comprometería yo en aras de devolver nuestro maltrecho sistema educativo al buen camino.

Punto uno, se acabó la Educación Física. ¿Qué coño es eso de Educación Física? A ver, ¿a quién se le ocurrió lo de malgastar un tiempo precioso haciendo flexiones o jugando al dichoso balón prisionero? Sudad en vuestro tiempo libre, gente. No podemos desperdiciar horas preciosas que podrían y deberían dedicarse a cosas como la historia del mundo y como desmontar una ballesta antigua.

Punto dos, todos los niños con uniforme. Y no para evitar piques adolescentes por culpa de la moda, no, sino para denigrar a toda la masa estudiantil y obligarla a llevar monos grises y cubiertos de heces (para que les quede claro quién manda...).

Tercer requisito de mi sistema educativo. ¿Quién dijo que la escuela fuera la responsable de alimentar y educar a los niños? Tonterías. Que coman antes de venir al cole y que se traigan algo de picar. A mí me gustan los Mentos con sabor a frutas. (Es divertido sacarlos del paquete y luego acaban deshaciéndose en tu boca. Hmmm, de hecho puede que vaya ahora mismo a por uno. Enseguida vuelvo) Vale, ya estoy de vuelta.

Cuarto; nada de tratar en clase de inglés la literatura del siglo XX. Fue entonces cuando esta sociedad se echó a perder, y desde luego no son esos los valores que queremos transmitir a las futuras generaciones. Así que F. Scott Fitzgerald, ya te estás llevando tus cuentecitos decadentes sobre adulterios y fortunas obscenas, los metes en una maleta y los lanzas al fondo de una piscina con tu querido y muy muerto Gatsby. Y lo mismo va por ti, J.D. Salinger, aunque hay tantas posibilidades de que leas esto como de que salgas de casa o de que uses la electricidad.

Por último, nada de taquillas para nadie. No sólo huelen fatal cuando las abres, sino que en realidad no sirven para demasiado, aparte de para encerrar a los machos no alfa en un ritual extraño y vejatorio. Y si obligamos a los chavales a llevar todo el material educativo a cuestas quizás podamos enseñarles algo de disciplina y obligarles a sudar un poco. Y ahora que lo pienso, toma, eso podría ser Educación Física... ¿qué os parece?

En fin, que ahí lo tenéis. Un sistema educativo dirigido por Stewie Griffin quizás no sea un sitio especialmente alegre, pero por lo menos no produciría los ciudadanos vagos, indisciplinados (y, sinceramente, cabezas de chorlito) que nuestro sistema actual parece encantado de vomitar.

En la guardería aprendí todo lo que jamás necesitaré saber

Hace unos meses hubo un período de varias semanas durante el que Lois sintió que necesitaba encontrarse a sí misma, o tener un momento Calgón, o... bueno, sinceramente, no tengo ni idea de qué le pasaba por ese cráneo probablemente vacío. Pero durante ese breve intervalo me matriculó en un programa de preescolar. Vamos, hasta que me esforcé tanto por ser "un problema de disciplina" que los profesores del colegio se negaron a seguir aceptándome allí. No os preocupéis, fue simplemente por un incidente con arcilla y tirones de pelo, no es que me pusiera en plan McMartin* con ellos ni nada... de momento.

En cualquier caso, y con una tenue disculpa a los insípidos garabatos de Robert Fulghum**, os presento la lista de cosas que aprendí durante esa breve etapa de mi vida en la que mis horas entre las 8:00 a.m. y la 1:00 p.m. implicaba compartir mi espacio en un aula con un puñado de mocosos portadores de virus.

1 Al parecer la mayoría de los niños no tienen su propio pañuelo como el mío, con iniciales bordadas. Tampoco tendrían ni idea de qué hacer con uno si lo tuvieran. Vamos, que aprendáis a taparos la boca al estornudar, chavales.

2 Las ceras no deberían oler a comida. Preguntadle si no a Jeremy o a cualquiera en urgencias en el hospital de Quahog.

3 Pintar con las manos no tiene nada de divertido. Sobre todo si te toca con el chaval hiperactivo o el de déficit de atención.

4 La Srtas Karen y Tanya tienen que pasarse menos tiempo en pausas para el pitillo y un poco más sonando a esos retacos llenos de mocos cargados de gérmenes. Y, por último...

5 ¡Si recorres el borde de tu mano con un boli, el dibujo resultante parece un pavo!

* Caso de supuestos abusos a preescolares que nunca se demostró.
** Autor de un libro titulado *Las cosas importantes las aprendí en el parvulario.*

Capítulo 7

El trabajo (y cómo pienso escaquearme)

No estoy realmente seguro de poder decir que esto no haya quedado genialmente descrito en la obra maestra de 1980 'Cómo matar a su jefe', protagonizada por la siempre hilarante Lily Tomlin, la muy bien dotada Dolly Parton y la antigua gurú del ejercicio y mujer florero Jane Fonda. Una vez dicho esto, trataré de comunicaros aquí lo que me parece el eterno conflicto entre la necesidad simultánea de una mano de obra sólida que garantice la estabilidad económica permanente y el poderoso deseo individual de pasarse el día tirado a la bartola. Hay gente que, desde que se ha hecho obligatorio tener un trabajo para poder ganarse la vida, ha tratado de evitarlo por todos los medios.

Y estos individuos se dividen tradicionalmente en dos grupos bien diferenciados: los inteligentes y los sencillamente vagos.

> Tengo una idea... una idea tan genial que me estallaría la cabeza si siquiera empezara a saber de qué estoy hablando.

Los vagos se las ingenian para evitar trabajar, aunque por lo general suelen limitarse a quedarse encerrados en casa día sí y día también, a cobrar fraudulentamente todo tipo de subsidios de incapacidad al tiempo que sobreviven con una dieta constante de carne enlatada y reposiciones de Texas Justice*.

Hay un fuerte contraste, pues, con aquellos que tratan de escaquearse del curro de una forma más inteligente, generalmente gracias a una "idea genial" (por ejemplo la del pavo ese que nos engañó a todos hace años e hizo que comprásemos rocas mascota) y que luego pueden pasarse el resto de sus días sorbiendo champán y alardeando ante botones medianamente interesados, a los que explican que son los genios que inventaron las rocas mascota. No es la vida más encantadora, os lo aseguro, pero sí que está un peldaño por encima de pasarte el día manejando la máquina para cortar carne del súper por el salario mínimo.

*** Programa de juicios en los USA tipo Veredicto que presentaba Ana Rosa Quintana en los primeros tiempos de Tele 5.**

Mis consejos para enriquecerte con rapidez

Muy a menudo al leer la frase "enriquecerse con rapidez" la otra palabra que te viene a la cabeza es "plan". Bueno, pues tranquilos que ninguna de las ideas que expongo a continuación implican nada ilegal ni remotamente poco ético (bueno, con la salvedad quizás de cuatro o cinco) A pesar de eso, seguid leyendo si queréis disfrutar de las ventajas de los ricos y famosos sin tener que soportar ningún trabajo agotador.

1 Pasa una vez al día con tu coche ante la planta de reciclado local y llena el maletero con disimulo y unas 2.500 latas de aluminio. Luego ve a la puerta principal y cobra lo que te den por llevarlas. En eso consiste el reciclado a fin de cuentas ¿no?

2 Crea un ladrillo falso, de gomaespuma. Ponle una etiqueta ingeniosa en la que se diga al comprador que use el ladrillo como instrumento catártico y de liberación de stress que puede tirar a la tele cuando el árbitro se equivoque durante un partido, etc. Os garantizo que las tiendas de regalos pondrán rápidamente montañas de ladrillos de esos en sus escaparates.

3 Habla con tu amigo más crédulo. Dile que le pagarás 100$ si te da un centavo. Pero que luego tiene que doblarlo y darte a ti dos peniques al día siguiente, luego volver a doblarlo y darte cuatro al día siguiente, pero sólo durante un mes (Haced las cuentas, genios, ya os daréis cuenta de lo que os digo...)

4 Esta sí que la he hecho. Sed tan encantadores que la gente tenga que pagar simplemente por el placer de vuestra compañía. Y ya sé qué estáis pensando, pero no, eso no me convierte ni mucho menos en una puta. (Nota, para aquellos de vosotros con problemas de personalidad, os sugiero que hagáis alguno de esos estúpidos cursillos por correspondencia en los que os enseñan cómo mantener una conversación o cualquier otra tontería semejante)

5 Vended Viagra por Internet. Recibo tantos correos electrónicos al respecto que seguro que alguien se está haciendo de oro con esos correos basura.

6 Abrid un puesto de limonadas. Tan pronto como os sea posible empezad a vender la franquicia hasta que haya tantos locales como los malditos Starbucks. Luego que os hagan una OPA y vended a toda pastilla.

7 Por último, el plan Anna Nicole. Baila pegada a una barra en el local de camioneros de tu ciudad hasta que alcances el estrellato. Cásate con un inminente cadáver con una fortuna inmensa. Denuncia a tantos parientes políticos como sea necesario. El mayor atractivo de este plan: el CI necesario no llega ni a 40.

Sobrevivir en la oficina moderna

Aquellos de vosotros que no tengan la suerte de aplicar con éxito ninguno de los varios planes tan brillantes que acabo de describiros en el capítulo anterior, parece que tendréis que haceros a la idea de poneros la corbata todas las mañanas y arrastraros al trabajo cual lemmings. Pero antes de que os lancéis a este embrutecedor ejercicio de por vida, permitid que comparta con vosotros un anticipo abreviado de lo que os espera. De hecho, quizás queráis almacenarlo para futuras referencias en ese maletín desastrado y pasado de moda que lleváis de aquí para allí.

En primer lugar está el trasbordo. Es el momento del día en el que comienza el deterioro paulatino y gradual de vuestra mismísima esencia como seres humanos. Que sí, que puede que tratéis de engañaros a vosotros mismos y pensar que "hacéis un buen uso del tiempo que pasáis en el coche". Quizás seáis multitarea y llaméis por el móvil a la vez (aunque lo cierto es que lo único que estáis haciendo es garantizarle a vuestro neurocirujano una jubilación de lo más jugosa dentro de 10 u 11 años). O quizás escuchéis un audiolibro (claro que así también os estáis pudriendo el cerebro, aunque de otra forma… en este caso el arma por la que os decantáis es '*Los Puentes de Madison*')

Total, que por fin llegáis a la oficina y os veis obligados a realizar y responder 47 veces, alternativamente, una pregunta increíblemente incisiva y provocadora, "¿Qué tal el fin de semana?" Asumámoslo, a pesar de que la mayoría de las respuestas tendrían que ser tipo "Bueno, pues me pasé buena parte del sábado y el domingo tratando de ignorar el matrimonio sin amor y los retacos malcriados que me rodean mientras me sedo con el maratón ininterrumpido de fútbol para evitar plantearme la muy seria posibilidad de que sea gay" lo cierto es que la respuesta más interesante que oirás será "Mi mujer y yo por fin pudimos ver la nueva peli de Keanu Reeves" Dios mío, dispárame, por favor.

¿Hay que dar palique cada vez que pasas junto a alguien?

¿Y si hacemos menos preguntas y cerramos un poco más el puñetero pico?

A estas alturas el jefe empieza a dedicaros miradas amenazantes a todos, y hace que os distribuyáis en vuestros zulos respectivos (también llamados cubículos). Y una vez allí os pasáis más tiempo jugando al Solitario o tratando de ocultar que jugáis al Solitario que tratando de preparar el informe que los de marketing dicen esperar con tanta urgencia. Bueno, Paco, pues ahí van un par de detalles. Los de marketing pasan buena parte de su tiempo jugando al Buscaminas, así que no tienes de qué preocuparte.

Janey, de contabilidad (que va demasiado acelerada como para no ser un androide) se pasa por tu puesto para llevarte a una reunión cuyo tema en realidad a duras penas entiendes. Te la tragas mientras mucha gente lanza a diestro y siniestro y sin ton ni son palabras como “sinergia” e “implementación” (y todo para convencer al jefe de que sí que saben de qué están hablando y que no habría que despedirles por ser el fraude que son en realidad. Aguantas este ritual inútil y esperas tener el pico cerrado todo lo que te sea posible para que no quede patente que tienes tan poca idea como el resto de inútiles sentados en torno a la mesa. Y luego vuelves a tu zulo.

El reloj llega por fin a la hora de comer y ahora tienes sesenta minutos enteritos para salir disparado a la Casa del Chile y devorar un plato de Bufalonosequés antes de volver corriendo al despacho, aguantar la basura de después de comer y luego corriendo de vuelta al zulo antes de que suene la alarma. ¿Te diviertes de momento?

Después seguramente finges trabajar un poco más... quizás pierdas 20 minutos por la tarde yendo a la cocinita en la que Harv, de ventas, mastica con la boca llena de queso danés rancio mientras te explica con doloroso grado de detalle lo divertido que fue el capítulo de ayer de *Hope&Faith* porque Faith tuvo que fingir que estaba borracha en el picnic de la iglesia. Ugh. Bueno, pues Harv acaba por fin de contarte cómo le salió leche por la nariz de tanto reírse y tú te arrastras de vuelta al zulo para la tortuosa hora y media final de tu jornada laboral.

El reloj llega por fin a las seis y te ves, con el cinturón de seguridad puesto, al volante de tu coche norteamericano de tamaño medio e indescriptible, camino a casa, en plena interestatal, y con el tiempo justo para calentarte una cena congelada y para dejar que la cacofonía incesante de *The Apprentice** te empape de pies a cabeza. Pero no te quedes despierto hasta muy tarde, carroza, que mañana tendrás que levantarte al romper el día para repetir mañana enterito este ejercicio de futilidad y pérdida de tiempo. ¡Felices cuarenta años!

* Reality show estadounidense sobre un grupo de hombres de negocios que tratan de conseguir un puesto para dirigir una empresa.

Impuestos

Seguro que lo habéis oído muchas veces con anterioridad... el dicho aquel de la muerte y los impuestos. Cierto: las dos cosas que el uno por ciento que más gana de la población de este país puede evitar con la ayuda del equipo jurídico adecuado. Nah, estoy de broma, por supuesto. En realidad me refiero a una sentencia de cárcel por haber asesinado a tu esposa (y sí, O.J., me refiero a ti).

De todas formas, si lo pensáis bien, puede que Walt Disney haya hecho que le congelen la cabeza, pero ni aún así se libró del fisco ¿verdad?

Y siempre me ha parecido un sistema tremendamente injusto. ¿Por qué nos vemos obligados a entregar a esa entidad tan sumamente inepta que responde al nombre de gobierno de los USA un buen pellizco de la pasta que tanto nos cuesta ganar? Oigan **¡que esto no es una puñetera asociación caritativa!** Algunos podrían decirme: "Vale, Stewie, así que no quieres pagar impuestos. Bueno, pues tampoco uses las carreteras, o las escuelas, o blablabla"

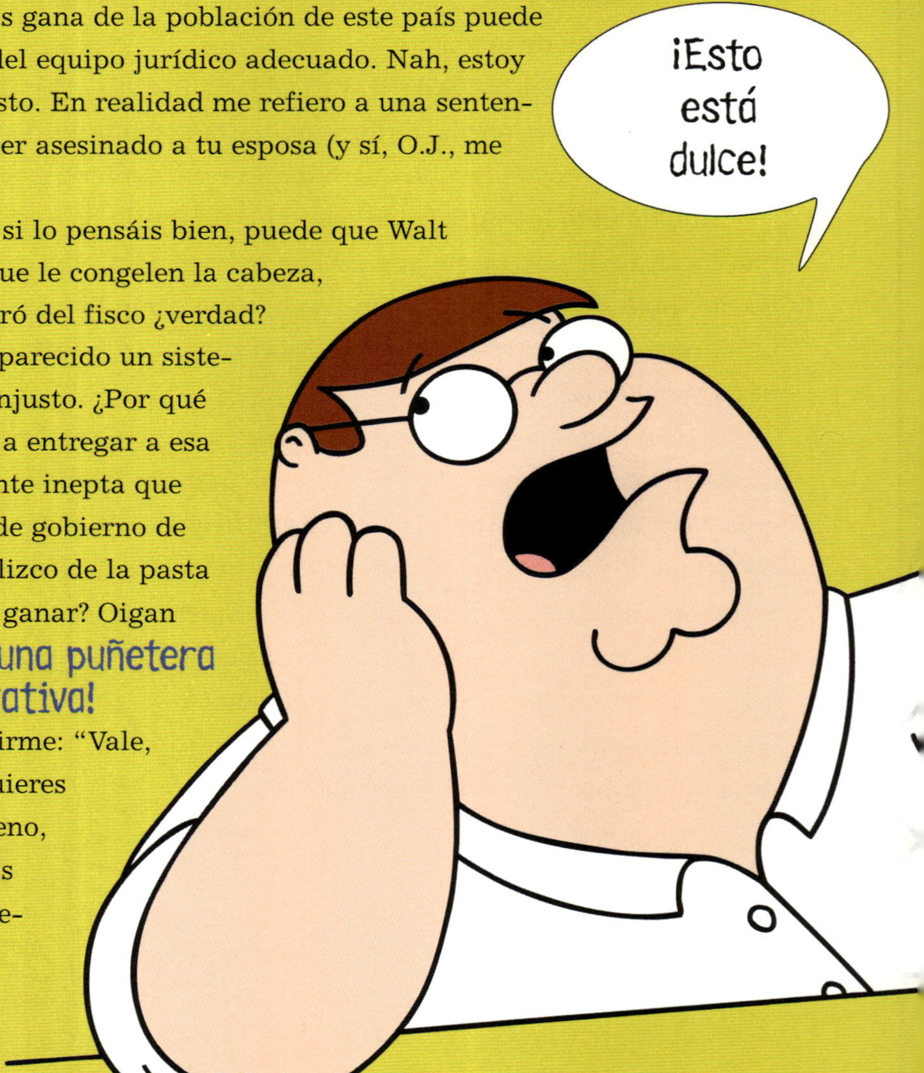

Bien, imaginario oponente en este debate, tengo un par de novedades para ti: no hay problema. Verás, siempre he sido defensor de la escolarización en casa (no sientes la presión de tener que encontrar a alguien con quien "ir en serio") y no, tampoco necesito utilizar vuestras malditas carreteras.

De hecho preferiría que todos trazásemos nuestras propias rutas hacia donde quiera que nos lleven nuestras agitadas jornadas. Menos carreteras equivalen a más tráfico. **Más tráfico equivale a más caos.** Y más caos equivale a vacío de poder que me proporciona una oportunidad de irrumpir, conquistar a esas masas beligerantes y lograr por fin esclavizarlas para que me sirvan exclusivamente a mí. Y luego puedo empezar a cobrarles impuestos. Esa no os la esperabais, a que no. ¡Ja!

Capítulo 8

TV, ocio y cultura popular, o las escasas virtudes de la caja tonta

No estoy seguro de poder identificar el momento exacto que marcó el declive de la Civilización Occidental, pero juego sobre seguro si digo que, desde luego, lo televisaron. La situación no es como la de los viejos tiempos, amigos, cuando la familia podía sentarse tranquilamente frente a la RCA, aquellas viejas radios, sorber fosfatos de chocolate y escuchar los partes sobre el frente en Europa. No, no, no. Hoy en día, aunque no quieras más que disfrutar de la camaradería y las cosas de picar baratas en la fiesta vecinal por la Superbowl, va y resulta que, ¡bam!... de repente te encuentras con la número dos de la Familia Real de los Monstruitos enseñándoos la teta a ti y al resto del mundo libre.

Lo único que tengo claro es que cuando tenga hijos no hay la más mínima posibilidad de que permita que se vean sujetos a alguna de las muchas atrocidades culturales y televisivas que me he visto obligado a contemplar en mi propia y joven vida (empezando por verme atado a un carrito mientras el resto de científicos atómicos del clan Griffin se tragaban su dosis de Vicky la robot)

Así que en las siguientes páginas me gustaría daros un par de consejos sobre los peores delincuentes (cosa que no será demasiado difícil porque el Gordo ha comprado las temporadas de todas). Y, si fuera posible, me gustaría señalar también algunos de los momentos más brillantes en este triste paisaje de la cultura popular.

Después de todo, no quisiera que pensaseis que soy alguien que es negativo todo el tiempo ¿no?

Noticias locales

Asumen formatos distintos en las diferentes localidades. Puede que algunos pormenores cambien de localidad en localidad, **pero hay un horror televisivo que casi seguro que ha caído sobre vosotros viváis donde viváis. Se trata de ese relleno insípido y diario conocido como noticias locales.** Estoy seguro de que estáis familiarizados con el formato y tal, pero dejad que os presente, en aras de la tradición, el típico telediario local del Canal 8, 10 ó 3 de cada pueblo o villorrio de los grandes Estados Unidos.

Abrimos primero con una introducción que se toma demasiado en serio a sí misma y está sobreproducida en la que por lo general se incluyen planos de los presentadores bien lanzando miradas de falsa gravitas bien con sonrisitas suficientes tipo "¿ves? Puedo ser tu colega de copas" (que es la que suelen utilizar sobre todo los presentadores de deportes tipo estrella-del-instituto-que-no-tuvo-éxito).

Luego pasamos a un plano general y vemos lo hortera del peinado de todos los presentadores (quienes, por cierto, suelen ser de distintas razas) que logran intercalar en sus diálogos para idiotas alguna que otra supuesta noticia casi intrascendente. Y que Dios nos pille confesados si el Capitán Bob, en el Helicóptero 12, se entera de que hay una persecución a toda velocidad porque entonces ya sí que se acabó todo y eso es lo único que vas a ver durante el resto del programa. ¿Los resultados de las elecciones? Pues van a tener que esperar ¿Que se ha muerto el Papa? Y a mí qué. ¿Ha habido un accidente de aviación? Pues para nosotros no, porque acabamos de enterarnos de que algún idiota que se ha saltado un semáforo en rojo acaba de decidir que puede dejar atrás al sheriff local aunque todas las cámaras de televisión del condado le enfoquen ahora directamente a él. Bien pensado, chavalote. Sólo que seguramente harás que me pierda también *Jeopardy**, pedazo imbécil.

* Popular programa de preguntas y respuestas

Total, que después de soportar las obligatorias (y por lo general no especialmente inteligentes) cagadas de deportes, presentadas por un tipo cuyo nombre se parezca mucho a Rock (eso si no se llama, directamente, Rock) y las pifias ante el croma del hombre del tiempo, que en realidad quería dedicarse a monólogos cómicos pero no lo logró ("Ay, mira. Lleva una corbata azul y parece que tenga chaparrones sobre la panza cervecera") y luego toca el comentario social diario del presentador cabeza de chorlito, en el que resume el significado que tienen todos esos insulsos acontecimientos para aquellos de nosotros que tratamos de entender este loco mundo moderno en el que vivimos. ¿Pues sabes qué, listillo? Ahórrate tu falsa empatía, súbete a tu caro descapotable, vete a cobrar tus suculentos cheques y sal de delante de mí. No me importa nada qué crees que significan la huelga de los profesores de secundaria o el camión volcado en la autopista en el contexto del estado de la sociedad actual y las perspectivas de paz en el mundo. ¡Me enfermas!

Y antes de abandonar definitivamente el tema de las noticias locales, quisiera plantear una preguntita de nada a todos esos productores tan ingeniosos que pululan por ahí:

A ver ¿hay alguna ley que os obligue a enviar a los periodistas pertenecientes a minorías a entrevistar a los habitantes de según qué barrios? ?¿De verdad creéis que la gente sólo se siente cómoda si responde a periodistas de su mismo contexto étnico? A mí me parece un poco chorrada, pero bueno, no es más que una pregunta... además, ¿qué sé yo a fin de cuentas? No soy más que un bebé estúpido ¿no?

Telerrealidad

Sin ningún lugar a dudas, la siguiente en la lista de éxitos de crímenes contra la humanidad es la telerrealidad. No me malinterpretéis **yo estaba tan contento como todos vosotros, chavalotes chalados, durante los primeros días de Gran Hermano.** Vale, ya sabía que todo era falso, que ese grupo de gente joven no podía vivir en tan suntuoso domicilio, que nunca tendrían las oportunidades laborales que allí se les presentaban, ni vivirían jamás los complicados conflictos que se incluían en el programa de manera artificial. Pero tampoco vayáis a pensar que me molestaba que la tele se atreviese a engañarme. No me importaba lo más mínimo porque ver el programa implicaba que durante treinta deliciosos minutos podía relajarme y babear ante la escultural y bien dotada Julie. Lamentablemente hemos pasado de aquellos días inocentes de premisas falsas y estereotipos televisivos al borde del abismo del Hades. Ahora nos someten cada semana a la visión de macizos y macizas comiendo insectos o fingiendo que les interesa encontrar pareja, y todo por obtener sus quince minutos de fama.

¡Y anda que no hay trucos! Una joven miente a un joven sobre su estado civil, él le miente a ella sobre el tamaño de su fortuna, y todos nos mentimos a nosotros mismos y nos decimos que estas tonterías no están corrompiendo la fibra moral misma de nuestra sociedad. Pero, antes de que empiece a parecerme demasiado a un predicador Baptista de los que podrías encontrarte en una tienda en mitad de Kentucky, tengo que confesar que no tengo más remedio que repartir las culpas por igual entre los productores de semejantes truños y los segmentos de público que gravitan en torno a estos programas.

Dejo más personalidad en montoncitos enrolla-dos sobre sí mismos en el jardín.

De hecho no sé qué dice más de nuestra sociedad, si que se echen estos programas o que tantísima gente haga lo que sea para verlos.

Bien... ha llegado el momento de ser totalmente sincero contigo, querido lector. Mi enfado no se debe a mi superioridad moral. La pura verdad de mi situación es que presenté una cinta para participar en la sexta temporada de *Supervivientes* pero no me seleccionaron. Sinceramente, me doy cuenta ahora de que no me he sobrepuesto nunca. Veréis, tuve una idea genial para la cinta que envié: Rupert y yo íbamos a recrear un viejo número de ventrilocuismo que había visto en El Programa de Ed Sullivan. Pero no, el perro borracho va y nos dice "cada temporada seleccionan a alguien que les envía un video en el que aparecen desnudos". E idiota de mí, voy y le hago caso y le envío un video mío en el triciclo y en pelota picada al tiempo que cantaba "The Surrey with the Fringe on Top". Y los de *Supervivientes* ni siquiera dieron señales de vida. Ojalá pudiera decir lo mismo de la policía local. ¿Podéis creeros que aparecieron los federales en casa y pusieron al gordo de los nervios al someterlo a un interrogatorio sobre pornografía infantil? En serio, que me supo mal... bueno, un poquito.

Maldito *Supervivientes*. Bah, que les den.

* Ex soldado británico, veterano de las Malvinas y creador, entre otras, del programa televisivo *Supervivientes*.

Qué va mal en la televisión de hoy

Sería lógico suponer que no siento puro desdén ante la tele. Y de hecho es todo lo contrario. Creo que, en su mejor momento, la televisión tiene el potencial de elevar el espíritu humano y destacar facetas de nuestra experiencia colectiva de manera totalmente diferente al resto de los medios de comunicación (disculpadme por haber sonado por un instante como si fuera un comentario de ese cabrón de Bryan Gumbel, el rey del autobombo, en los Emmy).

De todas formas, hay algunos ámbitos en los que la tele podría funcionar mejor o intentarlo con más ganas. A continuación os presento algunos de esos ámbitos:

1 Todo el mundo está vendiendo siempre algo. Mirad, por una vez me gustaría ver un programa de entrevistas con una conversación normal, de seres humanos, entre el presentador y el invitado. Cada vez que aparece un famoso me recuerda a Ben Stiller haciendo promoción descarada de la última película que acaba de malparir.

2 Hay demasiadas copias de un mismo programa. Lo diré bien clarito: por lo que tengo entendido, la CBS se está pensando hacer un CSI: *Duluth*. Creo que ya he dicho bastante.

3 *Extra, Entertainment Tonight,* and *Access Hollywood.* Todavía trato de aclararme sobre a qué género pertenece esta basura. Por ejemplo, ¿es *noticia* lo que ha dicho Thora Birch sobre Bennifer en el estreno de su última película? Supongo que no. Pero es que los siniestros totales estos tampoco son *entretenimiento*. Y tampoco podría considerarse entretenido lo de seguir al chavalín hiperactivo este, el Bush, en sus paseos en la limusina del tipo ese que presta su voz a prácticamente cuanto trailer cinematográfico hay. Tragarse algo sí parecería casi una secuencia de *La Naranja Mecánica*, ¿no?

4 Lo de que las ondas pertenecen al público hace tiempo que murió. A ver, perdonad por un momento que nos eche flores, pero en este país existió en su día el concepto de que las ondas a través de las que se emite la televisión eran en realidad un bien público, propiedad colectiva de todos y cada uno de los contribuyentes del país (y que las cadenas, en tanto que guardianas, tenían la obligación de servir a los intereses del público). Pues resulta que ese concepto ha acabado pisoteado por la insaciable avaricia del pequeño grupo de compañías que nos suministran hoy en día todo lo que vemos, leemos y sabemos del mundo. Total, que recibimos ahora en casa una supuesta cadena "de noticias" que en realidad funciona como altavoz de los Repub… lo lamento mucho. Me acaban de hacer llegar un telegrama. Obviamente me ordenan que cese en mi actividad, que desista de esta conversación y que les invite educadamente a seguir leyendo el siguiente capítulo de este libro. Parece ser que lamento enormemente haberles molestado con este último comentario y se supone que tengo que pedirles que lo borren de su memoria. Muchas gracias.

Os peleareís hasta mataros.

Mis consejos a Britney, Christina y Jessica

Muy bien, señoritas, escuchen. Ya que parece que vuestros quince minutos están más acabados que un elfo puesto de coca en Nochebuena, permitid que os ofrezca mis reflexiones sobre vuestros futuros:

- **Britney,** en tu interior hay una luz muy brillante. Ojalá te dieses cuenta de que no siempre tienes que recurrir al sexo para vender discos. Si me permites que te dé un consejo, te recomendaría que dejes de pasearte como una ramera de tres al cuarto y que dejes que tu talento hable por sí mis… lo siento, no he podido acabar de decirlo sin reírme. No, no, Brit-Brit, mejor que sigas meneando la mercancía, nena, porque me temo que hoy en día es lo único que te queda.
- **Christina,** por ti sí que lo siento de verdad. Pobrecilla. Tú también besaste a Madonna en los premios de la MTV, y resulta que lo único de lo que hablaba después la gente era que si Britney esto, que si Britney lo otro… en serio, parece que si quieres librarte algún día de la sombra de Britney vas a tener que tirarte en público a un enano travestido en la Convención Nacional de los Republicanos. Hmmm… un momento, oye, que no es mala idea. Christina, si lees esto, contacta por favor con mi gente para que organicemos una comida.
- **Jessica,** será mejor que tengas cuidado, querida. Te veo tullida, en torno al 2011, por culpa de algún accidente de lo más estúpido.

Capítulo 9

Inventos (tanto operativos como en fase de desarrollo)

Como regalo especial para ti, querido lector, he recopilado una breve lista de los inventos en los que he estado trabajando últimamente. Antes de que los juzgues con demasiada dureza, recuerda que alguno ha llegado a ser prototipo, y otros siguen firmemente anclados en I+D. Bueno, después de todo no es sino un proceso ¿no? Oh, por cierto, que Rupert me dice que quizás no haya sido del todo justo en mis comentarios de antes sobre Ozzy Osbourne y Jimmy Fallon, y me recomienda con insistencia que me disculpe ante ambos por lo que dije. Así que, bueno...ehh, lo siento. Hala. ¿Estás contento ya, Rupert?¿Te alegra haberme puesto en ridículo ante todo el mundo? Mira, es que te pones todo neurótico y posesivo cada vez que vemos a mi antiguo osito de peluche en el mercado. Lo único que digo es que sería más honrado por tu parte, desde un punto de vista emocional... mirad, está claro que Rupert y yo tenemos algunas cosas que resolver, así que seguid con este capítulo sin mí.
Gracias.

A continuación os presento simplemente una muestra de lo que he estado haciendo últimamente en el laboratorio (aparte, claro, de los diálogos ingeniosos, eternos y punzantes entre Rupert y yo, claro).

Instrumentos operativos en la actualidad

- **Conversor de energía.** Esta unidad transforma los restos que se encuentran en un pañal sucio en kilowatios de energía eléctrica. Lleva tres meses a pleno rendimiento y Lois todavía piensa que lo que pasa es que estoy estreñido.
- **Concentrador de alimentos** (para usar con brócoli). Éste lo que hace es pillar el brócoli y destilar su esencia en una píldora. Por más que odie comer esa verdura, no soy tan tonto como para pasar de los antioxidantes que contiene.

Inventos en fase de desarrollo

- **Traductor de ideas.** Este aparato detecta la actividad mental y traduce las ideas a palabras. Lamentablemente la máquina del demonio ésta de momento sólo transcribe las ideas al Arameo. Supongo que Mel Gibson podría haberla utilizado para el tostón soporífero ése de tres horas que insistió en que nos tragáramos.
- **Mentirómetro.** Cuando esté acabado, este escáner podrá analizar cualquier documento escrito y generar una valoración numérica de las mentiras y exageraciones que contiene.

Sé que estoy a punto de acabarlo porque hace poco lo puse a prueba con una declaración de prensa en internet que daba argumentos a favor de tener "quintillizos". El trasto empezó a echar humo y luego saltaron los plomos.

- **Quitasonrisas.** Una máquina que se toma al pie de la letra lo de borrarle a alguien la sonrisa. No me digáis que no querríais uno para vosotros.

DIARIO

Capítulo 10

Ensayos selectos y artículos en prensa o algunos conceptos garabateados en una servilleta mientras estaba atrapado con mi familia en un KFC

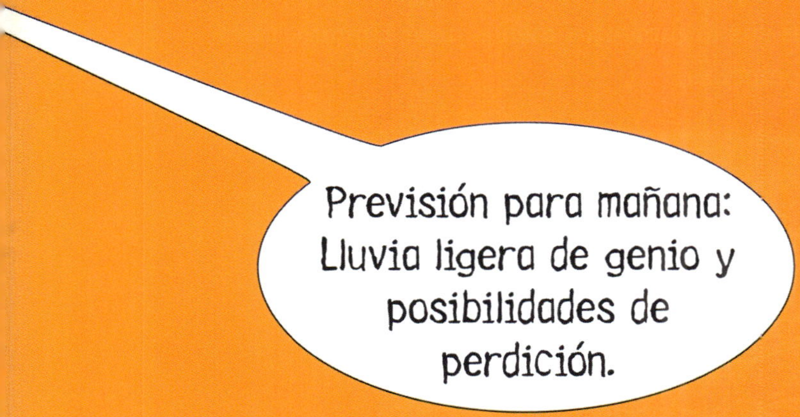

Qué he aprendido de la literatura

Lo que ha ocurrido con el nivel cultural en este país nuestro es una verdadera tragedia. Lo cierto es que me enorgullezco de lo mucho que leo, pero, ya que soy un bebé, ¿qué otra cosa puedo hacer (aparte de lo obvio, el matricidio y llenar pañales)?

Así que en esta época de libros abreviados en la que vivimos (en serio ¿cuándo fue la última vez que el estudiante medio de hoy en día se leyó una novela entera?) he preparado una lista breve de algunas de las lecciones más importantes que podemos extraer de los clásicos.

1 Como Poe dijo con brevedad extrema, la muerte de una mujer hermosa es, sin lugar a dudas, el tema más poético del mundo. Y lo vemos cada dos por tres, bien sea la pequeña Nell de "*La vieja tienda de curiosidades*", la pequeña Eva de "*La cabaña del tío Tom*" o "*El cuervo*" del mismísimo Poe. Que te sirva de aviso a navegantes, Lois.

2 La originalidad está sobrevalorada (y en el caso de Shakespeare está claro que no tiene la más mínima importancia. ¿Sabéis que ese dichoso fulano robó todos sus argumentos menos uno? Hmmm, pues parece que el crimen sí compensa)

3 El *Robinson Crusoe* de Defoe nos demuestra que es difícil sobrevivir contra los elementos, pero factible. Algo que es importante que recordéis, aspirantes a amos del mundo que andáis por ahí. O aspirantes a concursantes en *Supervivientes*.

4 Quejaos todo lo que queráis de las escuelas públicas (como yo mismo he hecho con anterioridad en este mismo tomo), pero tanto *Oliver Twist* como *Jane Eyre* demuestran que nunca jamás es bueno que te manden a un internado lejano. Bueno, o sí si disfrutas al pasar hambre, frío y al tener profesores malvados.

5 Y, por último, algo que almacenar como una "nota a mí mismo". En *Beowulf* se ve claramente que la venganza de una madre es poderosa e implacable. Así que… supongo que esto nos trae de vuelta a ti, Lois. Aunque bueno, tampoco es lo peor del mundo. No hay desafío más interesante que una pelea equilibrada, ¿no? Eso desde luego es lo que pudimos ver en *Rocky* ¿verdad?

¿Una copa antes de ir a la cama?

Un par de reflexiones sobre el alcohol

Alcohol. Es, desde luego, la fuente de muchos de los males de nuestra sociedad. Y bien sabe Dios que *Los intocables de Elliott Ness* hubiese sido mucho más difícil de ver si ese líquido no hubiera existido (aunque lo cierto es que la cara de palo que pone Kevin Costner durante toda la peli estuvo a punto de ser un golpe mortal aún antes del estreno)

En cualquier caso, mi experiencia se resume principalmente en ser un observador de alguien que utiliza esa sustancia para amortiguar el tedio del día a día (sí, hablo de ese saco de pulgas con el que me veo obligado a compartir domicilio). Lo cierto es que al perro no lo he visto sobrio más que en un puñado de ocasiones Pero la verdad es que tampoco puedo criticarle demasiado porque yo también vivo encerrado en una jaula de cristal, totalmente enganchado a mi botella (y mira que he tratado de dejarlo, pero esa maldita tetilla no deja de entonar su atractivo canto de sirena).

En fin, que me resulta curioso que una sustancia que sabe a orina de rata y que provoca vómitos y apareamientos poco recomendables tenga semejante preponderancia en nuestra cultura. Claro que también es cierto que la gente siempre ha mostrado cierta tendencia a desear precisamente lo que es peor para ellos.

Prueba A: el éxito de Michael Bolton.

Sinceramente, es que planteárselo es hasta demasiado... quizás *yo* sí que necesito una copa.

NO ESTOY BORRACHO, SENCILLAMENTE TENGO UN PROBLEMA DE DICCIÓN.

El mono malvado en el armario de Chris

Ah, el mono del armario de Chris. ¿Es real? ¿O es acaso una metáfora de las dudas y la angustia adolescente de Chris? Pues nadie lo sabe a ciencia cierta. El pobre chaval lo menciona con mucha frecuencia, y siempre presa del pánico. Una vez traté de investigarlo. Me pasé buena parte de la tarde rebuscando en el armario y lo único que encontré fueron algo de ropa de deporte que echaba un pestazo que ni os cuento y un ejemplar del catálogo de Victoria's Secret. Después oí que Chris le explicaba al gordo que los miércoles por la tarde el mono va al gimnasio. Y aunque supongo que es una coartada verosímil, pues qué queréis, a mí no me acaba de convencer.

Sí que encontré en uno de los rincones del armario algo que parecía ser caca, pero eso podía significar simplemente que Chris no tenía ganas de caminar hasta el final del pasillo.

Así que supongo que la odisea en busca de la verdad continúa…

¡Hay un mono malvado en mi armario!

Reflexiones finales sobre la dominación del mundo

Y llegamos así al final de nuestro viaje. Espero sinceramente que hayáis podido extraer algo de valor de todo este parloteo. Y si no, como mínimo espero que ahora podáis comprender mucho mejor este mundo y que sepáis identificar los puntos de apoyo potenciales que os ayudarán a desencadenar vuestro reinado de terror.

De todas formas, tengo que avisaros de que no os toméis a la ligera lo de dominar el mundo. Como dijo Tobey Maguire en un tostón sobrevalorado, "Un gran poder conlleva gran responsabilidad". Conquistar a las masas es la parte fácil. Evitar que se revelen y luego te maten ya es harina de otro costal. Y ya sé qué pensáis: "Pues forma unos buenos Escuadrones de la Muerte". Pues que sepáis que el Escuadrón de la Muerte típico no es tan hábil o leal como podríais esperaros.

Así que hay que acabar con los levantamientos antes incluso de que se produzcan. Y ahí va el verdadero secreto de este libro: los lavabos, estúpido. Eso es. Lo primero que va a hacer que la gente oprimida se vuelva loca y quiera rebelarse contra sus opresores con el palo más cercano y afilado que encuentren es no tener un sitio relativamente limpio y privado para hacer sus necesidades. Creedme. Conozco a la gente. Y se vuelven locos con lo de la cacota. Así que si queréis manteneros en el poder, aseguraros primero de que los lavabos están como una patena.

Muy bien, con esto se acaban las clases. Así que volad, locos aspirantes a dictadores hambrientos de poder. Y haced que el bueno de Stewie esté orgulloso de vosotros. Ah, y claro… ¡Arded en el infierno!

IROS AL
INFIERNO

Me encantaría quedarme a charlar, pero no eres más que una puta.

MATERIAL EXTRA

Extractos del libro de prensa de Stewie

Justo antes de que se publicase este libro me inundaron con solicitudes de entrevistas. Me llamó Charlie Rose, y también Larry King, y ese aquelarre multicultural llamado *The View*. Dan Rather incluso me llamó en persona, pero tuve que rechazar la entrevista por culpa de su voz ronca y el uso excesivo de 'coloquialismos'. Y que quede constancia, Dan, te aseguro que no "destilo veneno como una serpiente de cascabel a la que el herrero del pueblo ha acorralado en el lavabo de la abuela".

En fin, que dado que no tenía ganas de que se me viera tanto como a la teta izquierda de Tara Reid, concedí una entrevista en exclusiva a un solo periódico, el *Quahog Informant*. Me pareció que la cobertura que habían hecho de los intentos de secesión del gordo había sido excepcionalmente equilibrada. A continuación se incluye un extracto de esa rara entrevista.

¿Por qué has escrito este libro?

Bueno, como le digo siempre a mis lacayos, sólo se consigue dominar el mundo si se tiene siempre presente una gran verdad: *La clave para el dominio mundial* es comprender *el mundo que te rodea*. Por tanto este voluminoso tomo sirve como guía para ese fin. Y además, supuse que a Bill Clinton tampoco le habría ido tan mal con su libro. Vamos, que el tocho ese era como una gran ida de olla transcrita a partir de notas ilegibles garabateadas en papeles y servilletas de cocktail usadas, y aún así sacó bastante pasta, desde luego.

Tu objetivo al escribirlo era alcanzar el conocimiento definitivo y gracias a él el dominio mundial ¿estás más cerca de lograrlo?

Dominar el mundo es algo que tengo a la vuelta de la esquina. Sólo necesito conectar en red mi portátil y mi PDA. Va a venir un técnico para hacerlo, pero no deja de darme largas. Y en cuanto a lo del conocimiento, trato de hacer yoga dos veces por semana. Me da una sensación de calma y de centrarme al tiempo que me permite echarle un ojo a algunas de las maduritas deseables del barrio.

Casi todos los niños piensan en algún momento de su vida que son adoptados. Y no es ningún secreto que tú eres muy distinto al resto de miembros de tu familia. Desde un punto de vista genético, ¿de dónde crees que sale tu genialidad única?

Tras haber estado encerrado durante nueve meses en ese vil agujero, os puedo asegurar con rotundidad que la bruja pelirroja de voz nasal es mi madre, pero basta con echarle una ojeada al gordo para ver que ni de coña soy yo hijo del viejo imbécil. Vamos, que no me sorprendería nada si me decís que el lechero tiene un tarro enorme y con forma de balón de rugby.

Si pudieses escoger una familia de la historia y formar parte de ella, ¿cuál sería?

La de Dr. Phil*. No porque crea que fuera a ser coser y cantar, no. La vida de este tío es un auténtico desastre. Pero imagínate el placer perverso que me produciría observar a alguien así forrarse gritando aforismos insulsos a parejas de basura blanca en la televisión nacional.

Analizas la televisión (y la cultura popular en general) en este libro. Si tuvieses tu propio programa ¿cómo sería?

Un quinto *Sonny y Cher*, un quinto *Hawai 5-0* y tres quintos *Benny Hill*. Ahora, que estoy seguro de que no dejarían de marear con semejante programa, lo cambiarían seis o siete veces de hora a lo largo de un año y medio y al final los poderes fácticos lo cancelarían sin piedad alguna. Llegados a ese punto no me quedaría más remedio que aleccionar a mis fieles masas a que se rebelasen para que volviesen a incluir el programa en la parrilla. O algo así, no lo sé. . . .

Criticas también hasta la saciedad en tu libro el sistema educativo. Si hubiese algo obligatorio en las clases de todo el mundo sería...

Chalecos de protección.

* El equivalente, más o menos y con un toque de telebasura, del consultorio de Elena Francis.

Escribes mucho sobre los jóvenes de hoy y también un poco acerca del stress que supone ser un bebé. Si pudieses tener la misma edad toda la vida, ¿qué edad tendrías?

Dos años. En ese momento tienes la altura suficiente para llegarle a casi todo lo que hay en casa, y supongo que la gente te tomará un poco más en serio que cuando sólo tienes un año. De todas formas, sigues siendo lo suficientemente joven como para poder salirte con la tuya y hacer que los demás se denigren a sí mismos al verse obligados a cambiarte los pañales.

Hablas también en profundidad sobre los sexos. Parece que hables a partir de tu experiencia. ¿Has estado enamorado alguna vez?

Bueno, los espectadores de la serie saben que estuve brevemente enamorado de una zorra llamada Janet, hasta que me di cuenta de que me utilizaba por mis galletas. Ha habido otro amor en mi vida, pero hay una serie de medidas judiciales que me impiden hablar de eso en público… o acercarme a menos de 200 metros de ella.

Te explayas sobre lo que has aprendido de la literatura. ¿Qué esperas que aprendan los lectores con tu libro?

Que si bien la familia no se escoge, sí puedes decidir qué método para esclavizarlos te divierte más.

Otro de los temas favoritos del libro son los horrores de la moda. Despellejas a varios personajes por su falta de gusto al vestir. ¿Hay alguien que te parezca que se viste siempre para matar, como se suele decir?

Pues sí, Ted Bundy siempre. Lo siento, pero supongo que tú mismo te das cuenta de que esa me la pusiste en bandeja. Ya más en serio, y digan lo que digan los envidiosos, Bjork siempre da en el clavo.

Ni los telediarios locales se libran de tu afilada lengua. Si algún día aparecieses en las noticias... ¿por qué te gustaría que fuera?

Me siento tentado de decir "entrar en las listas de superventas" pero lo cierto es que siempre he querido aparecer en los resúmenes de deportes como uno de esos aficionados que utilizan con ingenio las siglas de la cadena que retransmite el acontecimiento y las usan en un póster. Ya sabéis, algo tipo "Corred, bravos Seahawks". Eso siempre me hace reír. Bueno, aunque tampoco es que me gusten especialmente los Seahawks... de hecho ni siquiera he estado nunca en Seattle, pero ya me entendéis.

En tu libro tratas otros muchísimos temas, y hay dos que no he mencionado todavía y que me parecen especialmente interesantes por ir tú todavía a gatas: el trabajo y los impuestos. Si la declaración te diese una devolución increíble... o si ganases un montón de dinero en tanto que derechos de autor ¿en qué te gastarías la pasta?

En plutonio para armas atómicas, en un manual de técnicas de interrogación y en un caballo balancín.

OTROS TÍTULOS DE ASTIBERRI
EN LOS QUE ES ACONSEJABLE USAR PAÑALES

EL AMOR ES EL INFIERNO
Matt Groening

EL TRABAJO ES EL INFIERNO
Matt Groening

EL ENORME LIBRO DEL INFIERNO
Matt Groening

EL LIBRO DE LOS CONEJITOS SUICIDAS
Andy Riley

CÓMO CONVERTIRSE EN UN HIJO DE PUTA
Santi Orue, Ata y Mauro Entrialgo

ÁNGEL SEFIJA POR TERCERA VEZ
Mauro Entrialgo

QUIERO UN PRÍNCIPE AZUL
Hélène Bruller

Agradecimientos

Este libro no hubiese sido posible sin el asesoramiento de Debbie Olshan y la paciencia, diligencia y creatividad de Hope Innelli. Además, las innumerables reflexiones sobre la relación madre-bebé que suponen el núcleo de este libro derivan única y directamente de Quinn, el bebé alegre y adorable que llena mi vida de alegría a diario, y también de Phyllis, la madre realmente increíble con la que pasé unos años absolutamente extraordinarios y lamentablemente cortos. Y por último, este libro no existiría (y lo digo literalmente) sin Seth McFarlane, al que agradezco su amistad, generosidad e increíble talento para la comedia.

— S.C.

Y, por supuesto, tampoco sería posible sin mí.

— S.G.